대화의 품격

위북은 '함께'의 '가치'를 소중하게 생각합니다.
독자 여러분들의 소중한 의견이나 투고 원고는
we-book@daum.net으로 보내주시기 바랍니다.

대화의 품격
- 온택트(Ontact) 시대에 더욱 소중한

초판 1쇄 발행 2021년 1월 11일
초판 3쇄 발행 2021년 4월 16일

지은이 이서정
펴낸이 강용구
펴낸곳 위북(WeBook)
등록 2019. 10. 2 제2019-000271호
주소 서울시 마포구 양화로 127(서교동) 첨단빌딩 4층 432호
전화 02-6010-2580 **팩스** 02-6937-0953 **전자우편** we-book@naver.com

ISBN 979-11-969867-5-9 (03190)
정가 15,000원

책을 만든 사람들
편집주간·기획 추지영 **책임 디자인** 이종헌(디자인오투) **마케팅** PAGE ONE **홍보** 김범식
물류 북앤더 **지원** 정현주 이경종 김태윤 김익수 **제작총괄** 안종태 **제작처** (주)한길프린테크

온택트(Ontact) 시대에 더욱 소중한

대화의 품격

이서정 지음

위북

말은 자신의 존재를 상대에게 각인시키는 작업입니다.

나쁜 인상을 남기려면 나쁜 말을 쓰면 됩니다. 반대로 좋은 인상을 지우려면 좋은 말만 쓰면 됩니다. 좋은 인상과 나쁜 인상을 상대에게 남기는 작업은 여러 말일 필요가 없습니다. 단지 한두 마디 말로써 충분합니다. 그러함에도 사람들은 이 중대한 말의 효능을 아무렇지 않게 치부해 버립니다. 한번 나빠진 인상을 회복하는 데는 아무리 간곡한 호소도 소용이 없는데 말입니다.

여러분은 말의 주인입니다.

선장이 작은 키 하나를 조종해서 거대한 배를 몰아가듯, 여러분은 말을 조종해서 자신의 운명과 심지어는 세계의 운명마저 바꾸어놓을 수 있습니다. 문제는 그 키를 어느 방향으로 움직이느냐 하는 것입니다. 아름다운 항구로 몰아갈 것이냐, 아니면 암초로 돌진하느냐 하는 것은 오직 여러분의 신중한 선택에 달려 있습니다. 이 책에서는 여러분의 운명이 무심코 튀어나온 한마디 말에 좌우되도록 만들어서는 안 된다는 점을 당부하고 싶습니다.

이 책은 말을 유창하게 하는 법을 설명하고 있지 않습니다. 오히려 말을 적게 함으로써 어떻게 효율적인 말이 될 수 있느냐 하는 점을 설명하고 있습니다. 말의 연비를 높이도록 도와주며, 좋은 인상을 상대에게 남기도록 '대화의 품격'을 높여주는 안내서입니다.

우리는 신종코로나라는 전염병으로 사람 간의 접촉이 극히 제한된 시대에 살고 있습니다. 경험해보지 못한 세상을 살아가는 우리에게는 이 새로운 변화를 극복할 지혜가 필요합니다. 즉, 비대면 시대에 우리는 지금까지 누리고 살아왔던 많은 것들에서 멀어져야 할 것입니다. 대화도 마찬가지입니다. 비대면 시대에 우리는 어떻게 사람들과 관계를 맺을 것인지 고민해야 하는데 그중에서도 얼굴을 보지 않고 의사소통을 하는 비대면의 대화를 진지하게 생각해 볼 필요가 있습니다.

그런 의미에서 이 책의 끝에 부록으로 비대면 시대에 필요한 대화법을 실어보았습니다. 우리는 많은 것들이 변화하는 세상에서 의사소통의 제1 수단인 대화를 비대면 시대에는 어떻게 설정해 볼 것인지 성찰해 보면 좋을 듯합니다.

이서정

CHAPTER 1

CHAPTER 2

CHAPTER 3

CHAPTER 3 말의 색깔

CHAPTER 4 참된 말, 아름다운 말

CHAPTER 5 말의 품격

CHAPTER 5

CHAPTER 6 말의 태도

부록 비대면 시대 대화법

말의 인상

공통분모를 만들어 이야기를 끌어내면
반대가 줄어든다

사람들은 자신이 발견한 사실에 대해서는 강한 신뢰를 지닌다. 따라서 모든 사람이 겪었을 법한 비슷한 경험담을 꺼내어 그것으로 공통분모를 만들어 이야기를 이끌어나가면 반대는 확실히 적어진다. 아무리 의견 차이가 크게 나더라도 모두가 찬성할 수 있는 공통의 기반은 발견되는 법이다.

상대의 말에 신빙성을 실어주어라

이야기가 진행되다 보면 상대의 이야기와 비슷한 경험담을 가진 경우가 있다. 이때에는 상대의 이야기가 일단락되었을 때 당신의 경험담을 간추려 이야기하라. 그것은 상대방과 같은 대열에 합류하는 것이 된다.

"얼마 전 저도 부장님과 비슷한 경우를 겪었습니다."

이렇게 길지 않은 경험 이야기를 덧붙인다.

상대는 반드시 이렇게 말할 것이다.

"김 대리도 그런 경우를 겪었단 말이지."

"그것 봐, 김 대리도 그렇잖아."

아마도 여기서 부장은 자신의 이야기에 더욱 힘을 실어가게 될 것이다.

그것은 임상을 마친 새로운 약이 효력을 인정받아가는 과정과 같다. 각기 비슷한 경험을 한 사람들이 자신의 경험담을 이야기함으로써 그 사람의 말에 신빙성을 실어주는 것이다.

하지만 이야기는 길어서는 안 된다. 자칫 이야기의 주인이 되어버릴 가능성이 있기 때문이다. 그러므로 짧게 얘기를 마치고 이야기를 곧 주인에게 되돌려주어야 한다.

비방의 이야기에는 휩쓸리지 마라

만일 어떤 사람이 다른 사람을 비방하고 있다면 그에 휩쓸리지 않도록 주의하면서 들어야 한다. 누구나 자기가 좋아하지 않는 사람에게는 나쁜 면만을 발견하게 마련이다. 상대가 다른 사람의 약점을 말할 때 과장되게 듣지 않고, 남의 장점을 축소할 때는 이를 부풀려서 들을 수 있어야 한다.

남의 험담은 아껴서 듣는 게 좋다

때로는 대화 중에 누군가가 화제의 대상이 되는 때가 있다. 좋은 대상이 되면 모르겠지만 그렇지 않을 때도 있는 법이다. 번갈아가며 그 사람에 대한 독설, 험담들이 나오면 분위기가 묘해진다. 점차 얘기가 길어질수록 흥분을 하며 그 사람을 비난하는 사람도 생겨난다.

"이 자리에 없는 사람 얘기는 그만둡시다."

결코 이런 식으로 말해서는 안 된다. 그렇게 되면 갑자기 분위기가 가라앉고 냉랭한 기운이 감돈다.

그렇다면 어떻게 해야 할까?

일단은 신중하게 듣고 있도록 한다. 그리고 가끔 고개를 끄덕여주는 것도 나쁜 것은 아니다. 그러나 결코 비난의 대열에 합류해서는 안 된다.

말하는 도중 반드시 화제를 다른 곳으로 돌릴 여지는 있을 것이다. 이를테면 말꼬리를 붙잡아 얼른 다른 화제로 옮겨가는 것이다.

"그 사람 ○○ 산업에도 버젓이 줄을 대고 있던데. 그러니까 이중 플레이의 귀재라잖아."

이때가 기회가 된다.

"참, ○○ 산업의 주가는 어떻습니까?"

"겉으로야 번듯해 보이지만 이제 그쪽 산업도 레드오션 아닐까요?"

이렇게 화제의 중심을 그 사람에게서 다른 쪽으로 완전히 회전해 버리는 것이다.

존경받는 사람이 되고 싶다면
이렇게 행동하라

다른 사람의 단점을 왈가왈부하지 말라.
자기 이야기를 떠벌리지 말라.
남을 비난하고 고자질하지 말라.
당신이 통제할 수 있는 것에 열중하라.
자기 자신을 고치려고 애써라.
다른 사람의 결점을 비난이 아닌 동정의 눈으로 바라보라.

천 냥 빚을 갚는 말이 무언지 새겨둔다

"일은 잘하는데, 남의 말을 듣지 않으시네요."

→ "남의 말에 개의치 않지만, 일은 참 잘하네요."

"내용은 좋은데, 진정성이 없어 보여요."

→ "진정성은 부족해 보이지만, 내용은 좋아요."

앞의 말은 장점을 줄이고 단점을 강조한 것처럼 들려 듣는 사람의 기분을 상하게 만든다. 되도록 뒷말처럼 단점은 줄이고 장점은 강조하는 말로 바꿀 수 있어야 한다.

그렇다면 여기에서 공식 하나가 생긴다. 상대의 단점을 지적해 주어야 할 상황이 생기면 대화의 앞부분에 단점을 놓고 뒷부분에 상대의 장점을 배치하는 것이다.

"글은 잘 쓰는데, 글씨는 잘 못 쓰시네요."

→ "달필은 아니지만, 글을 정말 잘 쓰시네요."

앞의 말은 짜증스럽게 들리나 뒷말은 칭찬인지 잘못을 지적해 주는 것인지 분간이 가지 않는다. 하지만 상대는 자신의 단점이 무엇인지를 깨닫게 되며 더구나 칭찬까지 들었으니 기분이 나쁠 리 없을 것이다.

남의 입장이 되어보아라

《논어》에 "겨울이 되어봐야 소나무, 잣나무의 잎이 늦게 떨어지는 것을 알 수 있다"라는 말이 있다. 우리는 다른 사람의 잘못이나 부정에 대해서는 극히 민감하다. 그러나 자신에 대해서는 매우 관대하다. 자기만큼은 그럴 만한 특권이 있다고 생각한다. 우리는 다른 사람에 대해서는 항상 엄격한 기준을 설정하고 그에 틀리면 비난을 한다. 자기 자신에게는 지나치게 관대하면서 말이다.

상대의 처지를 이해하는 기분으로 항의하라

뜻과는 반대로 당신은 삶의 일부분을 상대의 말에 반대하거나 항의를 하며 살아야 할 운명에 처해 있다. 왜냐하면 당신은 당신의 생각과 다른 대다수 사람과 함께 어울려 살아야 하기 때문이다.

항의하는 데 그치지 않고 그 사람을 설득해 당신의 뜻을 받아들이게 할 작정이라면 상대의 기분을 그르쳐서는 안 된다. 항의할 때 상대를 때려눕혀야겠다는 생각 때문에 상대편을 모욕하게 되는데 그렇다면 모든 것이 헛수고가 될 수밖에 없다. 따라서 서두르지 말고 항의의 목적을 달성할 수 있도록 감정을 조절할 줄 알아야 한다.

"도대체가 꽉 막힌 사람이네" 이런 말 대신에 "제가 지금부터 하는 말 때문에 감정을 상하게 될 수 있을지 모르겠습니다. 그러나 이러한 저의 뜻만큼은 말씀드리지 않고 넘어갈 수는 없습니다."

"아니, 그것도 모르셨다고요?" 대신 "혹시 제가 말하는 다음과 같은 사실을 모르고 계셨던 것은 아닌지, 모르겠습니다."

"제발 제 말을 이해하려고 노력해보시란 말이에요" 대신에 "선생님이라면 충분히 이해하실 것으로 믿고 말씀을 드리겠습니다"라고 말한다.

이처럼 상대의 처지를 생각해 주는 쪽에 서서 자기 뜻을 말해야 한다. 마땅히 해야 할 항의라도 지나치게 흥분하면 자기 뜻을 온전히 펼칠 수 없다. 지나친 항의는 상대를 절대적인 반대파가 되도록 만드니 주의해야 한다.

반대의 의견에 부딪혔을 경우

반대에 직면하면 상대편의 이야기가 끝날 때까지 조용히 들어주어야 한다. 언제 어디서나 조용히 듣는 것은 매우 중요하다. 상대의 이야기가 끝나지도 않은 상태에서 반발을 하는 것은 좋지 못한 인상을 남긴다.

어디까지나 사려 깊은 눈으로 경청하는 자세를 취하면 결과가 좋지 못하더라도 좋은 인상을 남긴다. 간혹 상대에게서 옳은 말이 나오면 고개를 끄덕여주자. 일단 상대의 의견에 찬동해주는 척하면서 다음에 반격을 하는 것이다.

찬성할 것은 적극 찬성하고 반대할 것은 반대한다

남의 말에 반대하기란 매우 어렵다. 반대 의견을 말할 때 상당한 주의를 기울이지 않으면 상대를 분노하게 만든다.

모처럼 의견을 냈는데 반대를 당했다면 아무리 정중한 반대라도 화가 나게 마련이다. 더구나 듣기 거북한 말이나 자존심을 상하게 하는 말을 들었을 때 가만히 있을 사람이란 없다.

그렇다면 반대할 때는 어떤 마음가짐과 어떤 말로 하는 것이 좋을까?

우선 당신은 상대의 장점과 찬성할 점을 찾아야 한다.

어떠한 의견이든 찬성할 것이 하나도 없는 의견이란 없다. 상대의 말 중에 찬성할 부분은 적극적으로 찬성하되, 반대할 부분은 상대가 미처 생각하지 못한 것으로 여길 수 있어야 한다.

절대 반대를 위한 반대가 되어서는 안 된다. 틀린 사실을 가지고 말해서도 안 되며, 반대의 확신이 없는 상태에서는 아예 반대의 대열에 나서지 말아야 한다. 그리고 무엇보다도 반드시 대안이 마련되어 있어야 한다.

하지 않아야 할 칭찬

"역시 자네는 우리 회사의 유능한 일꾼이야."
이처럼 칭찬의 말이 겉치레 말로 들려서는 안 된다.
"자네는 도대체 모르는 것이 없군. 똑똑해. 정말로."
비아냥거리는 것으로 들리는 칭찬도 삼가야 한다.
이런 칭찬은 차라리 하지 않는 것이 좋다.

칭찬에 넘어가지 않는 장사는 없다

사람을 칭찬하는 것은 생각보다 쉽지 않다.

"이 사람이 공연한 말을 하는 것은 아닐까?"

"나를 농락하는 것은 아니겠지?"

"무슨 어려운 부탁이라도 하려는 것은 아닐까?"

칭찬을 받는 상대의 마음속에 이런 의심이 생긴다.

하지만 진심에서 우러난 칭찬이라면 곧 그 의심은 사라질 것이다. 아무리 칭찬을 싫어하는 사람이라도 세 번 이상 같은 칭찬을 반복하면 그 칭찬을 당연한 것으로 받아들이게 된다. 따라서 저 사람이 나의 칭찬을 제대로 받아들일까 하는 염려는 할 필요가 없다.

칭찬할 때는 약간의 기술이 필요하다.

- 먼저 상대방이 말한 사실에 대해 감탄을 표하고 훌륭하다고 생각한 부분을 과장하지 말고 그대로 표현한다.
- 어떤 점이 칭찬할 만한지를 구체적으로 밝혀야 한다. 그래야 상대는 진심으로 칭찬한 것으로 받아들이고 다음번에도 칭찬받을 만한 일을 찾아 나선다.
- 그 사람의 훌륭한 점이 다른 사람에게는 결코 찾아볼 수 없는 점이라는 사실을 말해 준다. 상대에게 격려의 뜻이 되고 자신감을 심어주게 되며 열심히 노력하려는 의욕을 북돋워준다.
- 칭찬은 여하한 경우에도 상대편 마음에 닿도록 진실해야 한다. 이때는 표정이나 음성도 칭찬에 부합되도록 하는 것이 좋다.

예의를 갖추어라

상대방의 협조를 구하려면 상대의 기분을 좋게 만들어야 한다. 상대가 미소를 짓거나 쾌활한 목소리를 낸다면 대화의 목적은 거의 이루어진 것과 같다.

이 정도만 되면 그는 자신이 알고 있는 정보를 당신에게 모두 털어놓을 수 있다. 그러나 그 정도로 상대를 기분 좋게 하려면 무엇인가 이쪽에서 제공하지 않으면 안 된다. 예의를 갖추어라, 그리고 가르침을 청하라.

가르침을 청하면 반대는 줄어든다

상사에게 의견을 낼 때는 윗사람에게 가르침을 청하는 형식을 취하면 반대를 사지 않는다. 당신이 어떤 의견을 냈을 때 상사로부터 한 번쯤 반대를 당하는 것은 그냥 받아들이기에 어쩐지 체면이 서지 않기 때문이다. 그러므로 당신의 의견에 사소한 잘못이나 모순이 발견되어도 벌 떼처럼 일어나 격렬하게 반대하게 된다.

이런 현상은 논리에 근거한 것이라기보다 다분히 감정에 의한 반발이기 쉽다. 이런 문제와 부딪히면 상사의 체면을 세워주면서 가르침을 청하는 형식을 취해야 한다.

"생각해 보니 몇 가지 문제점이 있을 것 같습니다. 문제점을 해결할 좋은 방안이 없겠습니까?"

"부장님은 아무래도 저보다 경험이 많으시니 훌륭한 대안을 가지고 있지 않겠습니까?"

이처럼 좋은 해결 방안을 물어보면 상사는 자존심을 다치지 않아 으쓱해지고 즐거운 마음으로 귀를 기울여준다. 게다가 상사는 자신의 능력 범위에서 당신에게 힘이 되어주려고 한다.

어떠한 문제에는 부하직원이 상사보다 더 잘 아는 경우가 있다. 하지만 그렇더라도 마치 통과의례를 치르는 것처럼 상사의 가르침을 청하는 것이 좋다. 가르침을 청하는 것은 상대를 자신의 편으로 끌어들이는 한 방법이 될 수 있다.

자신에 대한 찬사에 굶주려 있는 사람도 많다

지각 있고 분별력을 지닌 사람이라면 아첨이나 공치사를 하는 사람의 천박한 속을 뻔히 들여다볼 줄 안다. 하지만 이 세상에는 자신에 대한 찬사에 굶주려 있는 사람도 많다는 사실도 기억해야 한다. 칭찬과 아첨의 큰 차이점은 아첨은 거짓인 데 반해 칭찬은 진실이란 점이다.

칭찬은 마음에서 우러나오나 아첨은 혓바닥 끝에서 생겨난다. 칭찬은 무조건적이지만 아첨은 이기적이다. 칭찬은 모든 사람이 좋아하나 아첨은 모든 사람이 싫어한다.

《탈무드》에는 다음과 같은 말이 있다.

"원수를 두려워할 필요는 없다. 그러나 달콤한 말을 하는 사람은 두려워하라."

간접적인 칭찬에 능통하라

어쩐지 직접 칭찬하는 것이 쑥스러울 때는 간접적으로 칭찬을 하는 것도 좋은 표현이다.

"여기 회사의 로고는 깔끔하다는 느낌이 듭니다. 정확하다는 회사의 이미지와 잘 맞아떨어지는 것 같습니다."

"좋은 분을 소개받아 흐뭇합니다. 유유상종이라는 말이 틀린 말은 아니군요."

"저 잘생긴 청년이 자제분이신가요? 과연! 선생님의 청년 시절이 눈에 보이는 듯하군요."

"아이들이 착한 것을 보니까 집안이 평안해 보이세요."

모두 상대를 추켜세우는 말이다. 그러나 하나같이 직접 칭찬하지 않고 간접적으로 칭찬을 하고 있다.

사람들은 자기가 직접 칭찬을 받지 않아도 자기가 가장 소중히 여기거나 가까운 사람들이 칭찬을 받으면 만족해하고 마치 자신이 칭찬을 받는 것보다 더 만족해하기도 한다.

간접적으로 칭찬하는 것은 직접 칭찬하는 것보다 더 세련되고 상대를 더 흐뭇하게 만든다.

칭찬을 키우는 방법

당신의 칭찬이 빛을 발하려면 그 사람이 없는 곳에서 칭찬하는 것이 좋다. 당신을 미워하거나 시기하거나 경쟁하는 사람도 칭찬해야 한다. 그렇다고 당신이 손해를 보거나 경쟁에서 뒤떨어지는 법은 결코 없다. 타인을 향한 칭찬은 자신의 가치를 높여주는 최상의 방법이다.

당사자가 없는 곳에서 칭찬하라

사람들은 누구나 고결한 존재이기를 바란다. 심지어는 흉악한 강도라도 선한 사람과 함께하고 싶어 한다. 누구를 헐뜯거나 고자질하는 말은 그 당시에는 가만히 듣고 있을지 몰라도 시간이 지나면 그런 말을 한 사람을 그다지 좋게 보지 않는다.

만약 당신이 누군가와의 대화 도중 상대가 어떤 사람을 사심 없이 칭찬해 온다면 당신은 그 사람을 다시 한 번 볼 것이다. 그리하여 정말 칭찬에 다른 뜻이 없다는 것이 밝혀진다면 당신은 그 사람을 고결한 존재로 여길 것이다. 따라서 당신은 어떤 사람을 만나면 제3자를 헐뜯거나 비난하는 말보다 칭찬하는 말을 많이 해야 한다.

우리는 항상 아는 사람만 만나고 살지 않는다. 지인으로부터 다른 사람을 소개받기도 하고, 비즈니스 관계로 다른 사람들을 만나고, 사회생활을 하는 가운데 새로운 사람들과 늘 관계를 맺는다.

그럴 때 남에 대한 험담을 하거나, 상대를 깎아내리려는 태도를 보인다면 사람들로부터 신임을 얻지 못한다.

내가 알고 있는 사람, 그 사람을 아는 다른 상대를 만났을 때 그의 단점을 끄집어내거나 욕을 해서는 안 된다. 대신 내가 아는 그 사람이 없는 곳에서 그 사람을 아는 상대를 만났을 땐 칭찬하는 것이 좋다. 당사자가 없는 곳에서 칭찬은 대화의 품격을 높이는 지름길이다.

환영받는 화법은 따로 있다

의논하듯 말하라.
부탁하는 식으로 말하라.
웃음을 띠고 말하라.
상대의 장점을 말하라.
상대의 실패에 동참하라.
상대의 입장에 서서 말하라.
자기의 실수는 과감히 인정하라.
너그럽게 생각하고 생각의 폭을 넓혀 상대를 이해하려 하라.
명료한 말을 사용하라.
상대가 하는 말을 주의 깊게 들어라.

상대의 사기를 올려준다

직장의 인간관계나 사기는 오가는 말 한마디에 큰 영향을 받는다. 부장이 과장에게 불편한 감정을 털어놓으면 과장은 계장에게, 계장은 직원에게 열화같이 화를 낼지 모른다. 그러므로 직장에서 오가는 말은 보다 주의를 기울이지 않으면 안 된다. 직장 내에서 환영받지 못하는 말은 다음과 같다.

- 훈시적이고 교훈적인 말
- 거만하고 뽐내는 말투
- 말과 행동이 다른 경우
- 상사, 부하 혹은 동료를 자주 헐뜯는 말
- 부하에게 수치심을 가지게 하는 말
- 빈정대는 말
- 남 앞에서 꾸짖는 행위
- 상대의 결점을 파헤치는 말
- 사소한 문제에도 논쟁하려는 행위
- 말로 모든 것을 해결하려는 행위
- 계속 불평불만을 털어놓은 행위
- 변명하는 말
- 짧게 할 수도 있는 말을 길고 지루하게 늘어놓는 행위

우선 실수를 사과하라

당신의 잘못이 명백할 때는 상대가 분노를 폭발시키기 전에 당신이 먼저 사과를 해야 한다. 그렇게 되면 상대의 부풀려진 화는 축소되거나 사그라져 버릴 것이다. 아무리 바보와 같은 사람이라도 자기 변명은 할 수 있다. 그러나 대개 어리석은 사람들이 이런 짓을 한다. 솔직히 자신의 잘못을 인정하는 것은 자신의 가치를 끌어올리고 스스로 고결하게 만드는 일이다.

정면 돌파로 용서를 얻어내라

진행 중이던 일이 잘못되어 본의 아니게 상대에게 피해를 주었을 경우, 또 과거에 했던 말이나 행동이 명백한 실수로 밝혀졌을 경우 우리는 좀처럼 말을 꺼내기가 어렵다. 상대를 만나도 다음 기회로 미루려 한다. 그러나 반드시 문제를 짚고 넘어가야 할 때, 사과하고 넘어가야만 할 때는 솔직히 말을 하는 것이 좋다.

"오늘 이렇게 사장님을 방문하게 된 것은…."

사과할 때는 정면 돌파를 택하는 것이 좋다. 괜히 변죽을 울렸다가는 오히려 상대의 화를 더 돋울 수 있기 때문이다.

"지난번 저의 실수를 용서해주십사 하는 것입니다."

정면으로 사과를 하면 상대는 허를 찔린 나머지 정면으로 화를 낼수가 없다. 당신은 우물쭈물하는 것보다 자신을 회초리 치듯 반성하는 모습을 보여주어야 한다. 그러면 상대는 성실한 사람으로 여기게 되어 좋은 결과를 가져올 것이다.

변죽만 울리다가 맨 마지막에야 마지못해 사과하는 방식은 오히려 나쁜 결과를 가져올 것이다. 그 사람에 대한 인상은 더욱 나빠지고 저 사람이 정말 사과를 하러 온 것인지, 아닌지를 분간할 수 없게 된다.

논리보다는 정감이다

따지기를 좋아하는 사람은 호감을 사지 못하는 경우가 많다. 예를 들면 논리적으로 밀고 가서 상대방을 굴복시킨다든가, 동료들의 잡담 속에 끼어들어 지식을 자랑하기 좋아하는 인물이다. 이처럼 자기 혼자만이 남의 시선을 끌어야겠다는 태도는 동료들의 반발을 사게 되어 있다. 교제란 정서가 우선되어야 한다. 호감을 주기도 전에 자신을 내세우는 것은 순서가 뒤바뀐 것이다.

홀대받는 사람의 특징

듣는 사람의 입장이나 감정을 이해하지 못하는 사람이 있다.
"키가 조금 더 크셨더라면 훨씬 미남이셨을 텐데, 아쉽군요."

오른쪽이라면 왼쪽이라 하고 왼쪽이라면 오른쪽이라고 하며, 무엇이든 반대편에 서서 말하는 사람이 있다. 이런 사람이 오면 '오늘도 곱게 지나가기는 틀렸군' 하고 자포자기의 심정이 되어버린다. 따라서 입도 꽉 다물어버리게 된다.

모든 사물을 부정적인 면에서 보는 사람이 있다.
"우리 실력으론 무리지."
"그런 걸 하는 건 능력 밖이야."
"차라리 현상 유지하는 게 나을지도 몰라."
"시도했다가 안 되면 괜히 시간과 금전 낭비만 하는 거잖아."

상대의 자존심을 여실히 꺾는 사람이 있다.
"아마 우리 집안처럼 좋은 가문은 그리 흔치 않을 거야."
"그 회사는 온통 잘못투성이야."

독선적이고 단정적인 화법을 쓰는 사람 또한 환영받지 못한다.
"확실히 그건 그렇습니다."
"제가 알기로는 절대로 그렇게 된 것이 아닙니다."

상대를 귀하게 여겨라

상대를 얕잡아 보기를 좋아하는 사람에게는 야비한 사람이 나타난다. 상대의 좋은 점을 보고 기대를 거는 사람에게는 그 기대대로 최선을 다해 보답하려는 사람이 나타난다.

상대의 능력을 존중해 주어라

처음 만난 상대가 불쾌한 녀석이라고 생각하면 사귈수록 불쾌한 사람이 된다. 상대가 믿음이 가는 사람이라고 생각하면 신뢰가 크고 돈독한 사이로 발전한다. 따라서 당신이 어떤 사람에게 무엇을 성취하게 만들려면 그 사람이 바로 그 일에 적격한 인물이라는 것을 강조해 주어야 한다.

"자네만이 할 수 있는 일이야."

"자네에게는 사람 보는 안목이 있잖아. 그러니 이 일은 틀림없이 해낼 수 있어."

당신이 그를 인정하고 높이 평가하면 그는 기대에 어긋나지 않으려고 노력한다. 사람을 치켜세우는 것은 결코 손해가 아니다. 인정받는 것은 누구에게나 이득이며 추천해 준 사람 역시 인정을 받는다. 사람은 누구나 인정받고 싶은 소망이 있다. 인정하는 만큼 상대는 최선을 다해 일할 수 있다.

격려할 때도 그냥 '이봐 힘내'라고 할 것이 아니라 "자네의 과감한 정신과 투철한 책임감으로 이 일이 훌륭한 성과를 거둘 것이라고 기대하네"라고 말한다면 그것은 격려이자 자극이 된다. 그리고 듣는 사람으로서도 한결 힘이 난다.

사소한 문제에는 가담하지 말라

여러 사람이 대화 중이다. 그런데 하찮고 사소한 일로 설전이 벌어졌다면 그러한 논의에 끼어들지 않는 것이 좋다. 어떠한 논의이든 참가한 사람들이 백 프로 찬성하는 경우란 없다. 어느 한쪽이 어떤 사실을 주장하면 반드시 그 반대의 의견을 가진 사람이 있기 마련이다.

가령 '회사를 더욱 키워가는 문제'라면 어떻게든 자신의 정리된 의견을 밝히는 게 당연하다. 그러나 아래와 같은 문제에서는 자신의 확고한 의견을 밝히지 않는 게 좋다.

'고부간의 갈등을 해소하는 문제.'

'직장 상사, 혹은 동료와의 갈등 문제.'

'어느 정당을 지지하느냐 하는 문제.'

사소한 문제로 적이 되지 않는다

정치, 종교, 학별, 지역 이야기는 대화 중에 되도록 하지 않는 것이 좋다. 사전에 정보를 입수해서 상대의 출신지나 정치적 성향을 알았더라도 위와 같은 화제는 그다지 큰 도움이 되지 못한다.

만약 당신이 여러 사람과 대화를 하는 와중에 위와 같은 이야기가 나오고 그 화제에 어쩔 수 없이 끼어들어야 할 때는 다음과 같이 말하라.

"어떤 전문가의 말에 따르면…."

"어떤 신문이나 잡지에 보니까…."

"어떤 칼럼니스트가 말하길…."

이처럼 자신의 주장은 빼버리고 남의 주장인 것처럼 말하는 게 좋다. 물론 남의 의견처럼 말하되 그 속에 자신이 하고 싶었던 이야기를 집어넣어도 좋다. 또 그 이야기는 특수하거나 새로운 주장을 펼치는 것이어서는 안 된다. 너무 지엽적이거나 구체적인 주장이라면 상대편에서 말꼬리를 잡거나 새로운 주장을 펼칠 가능성이 있기 때문이다.

이처럼 정치, 종교, 학별, 지역 이야기는 자신의 이야기처럼 말하지 말고 어느 전문가의 관점을 빌려서 말하는 것이 반대편 입장에 선 사람들의 반발을 최소화할 수 있다.

말을 많이 하는 것은 손해다

지나치게 말을 많이 하는 사람은 다음과 같은 불이익을 당한다.

1. 의심을 받는다.
2. 사람이 가볍게 보인다.
3. 따돌림을 당한다. 혼자서 떠드는 사람을 좋게 봐줄 사람은 없다. 오히려 상대방은 귀찮아서 피해버릴지도 모른다.
4. 실언의 원인이 된다. 말이 많아지면 자연히 해서는 안 될 말이 저절로 튀어나온다.
5. 상대방에게 중요한 정보를 제공한다. 자신도 모르게 본심을 말하게 되며, 혹은 상대방에게 알리지 않아도 될 정보를 제공하게 된다.

상대의 불평불만을 없애는 방법

● 끝까지 상대의 말을 들어주어라

불평불만을 모두 토로하게 만들어라. 그런 다음에는 더 이상 할 말이 없어 입을 꼭 다물고 말 것이다.

● 그의 불만을 이쪽에서 말해 준다

불평불만은 대단한 이유에서 비롯된 것 같으나 사실 곰곰이 짚어보면 상대에 대한 무시, 냉대, 혹은 소외감인 경우가 많다. 당신은 그런 상대를 어린아이들의 칭얼거림으로 여기거나 바보 취급해서는 안 된다. 불평불만의 원인이 파악되었다면 당신 쪽에서 먼저 말해주어라.

"그러니까 선생님께서 가지신 불만이란 것이 미리 통보를 드리지 못한 것 때문이란 말씀이지요? 돌이켜보니 섭섭해할 만도 하군요."

자신의 불평불만을 남의 입을 통해 듣고 있다면 그는 상대가 적군이 아니라 우군이란 느낌이 들어 불평불만을 금방 철회해 버릴 것이다.

"내가 그 때문에 따지려고 온 것은 아닙니다만…."

● 상대방의 체면을 세워주어라

불평불만을 과소평가해서는 안 된다. 진지하게 받아들여야 한다. 당신의 체면이 아니라 상대의 체면을 살려주어야 한다.

CHAPTER 2

가슴을 흔드는 말

즐거운 일들이 가득 차게 하라

당신은 짜증을 낼 권리도 있으나 이 세상을 행복하게 살아갈 권리
도 있다. 노래를 흥얼거릴 권리, 가슴을 펴고 힘껏 환호할 권리,
만일 당신이 기뻐할 권리를 누리겠다고 다짐만 한다면 당신의 생
활 요소요소에는 즐거운 일들이 가득 차게 된다.

미소를 지으면 모든 일이 저절로 풀린다

미소는 어떤 사람이든 내 편으로 만드는 마력을 지닌 무기이다.

미소를 짓는 당신은 상대방 마음마저 환하게 밝혀준다.

성공한 사람들 가운데 대부분은 웃는 표정을 자주 짓는다. 그들은 어떤 중요한 부분에 이르면 영락없이 웃는 모습을 보여준다. 그모습은 상대를 매혹하기에 충분하다. 그들의 웃는 표정은 자신감이 있어 보이게 한다. 웃는 모습은 마음의 여유가 없으면 불가능하기 때문이다.

웃는 얼굴은 모든 것을 가능하도록 만들어준다. 얼굴이 어두우면 소극적이고 실패주의자처럼 보인다. 만약 당신이 누군가의 곁에 앉아야 한다면 같은 값이라면 웃는 사람의 곁에 앉으려 할 것이다. 웃는 얼굴은 모든 것을 다 포용할 것처럼 보인다. 그래서 어떠한 고민이라도 그 사람에게 풀어 보이고 싶다.

미소를 지을 수 없을 때는 다음과 같이 해본다. 우선 억지로라도 웃어본다. 콧노래를 불러 자기 내면에 흥을 돋우고 난 다음 아주 행복한 기분으로 행동해 본다. 그러면 정말 행복한 기분이 된다.

미소를 잃지 않는 사람은 언제 어느 곳에서도 늘 환영을 받는다.

한 발짝 물러서야 하는 이유

당신은 공격을 잠시 중단한다. 그것은 당신이 후퇴함으로써 상대방을 당신 쪽으로 전진해 오도록 만드는 것이다.

−자신의 힘을 상대방에게 빌려주어라.

−친절한 태도를 취하라.

너무 세게 밀어서 상대방이 후퇴하지 않으면 안 되도록 만들어서는 곤란하다. 당신은 그를 잘 다독거려 당신이 원하는 곳으로 데리고 가야 하기 때문이다.

일보 후퇴는 이보 전진을 위한 것이다

회의에서 이야기를 나누는 도중 당신이 주장한 말이 다른 사람들에게 반대를 받을 경우, 또 상대의 주장이 우세하거나 사실로 밝혀지면 그것을 부끄러워해서는 안 된다.

"그런 사실을 미처 알지 못했습니다."

"제 의견에 모순이 있는 것을 발견했습니다."

"다시 한 번 확인해 보도록 하겠습니다."

이런 경우 재빨리 당신의 잘못을 인정하고 한 발 뒤로 물러서는 것이 현명하다. 그와는 반대로 이렇게 강변하는 사람이 있다.

"에이, 내가 그 분야만큼은 전문가요."

"절대 그럴 리가 없소. 오늘 아침, 내가 분명히 확인했단 말이오."

설사 아직 확인되지 않은 사실일지라도 상대가 반대하면 계속해서 자신의 주장을 되풀이하는 것이야말로 수렁으로 발을 들이미는 것과 같다.

그럴 때는 이렇게 생각하라.

'한두 가지 논점을 양보하는 것뿐이지 내 생각 전체를 포기하는 것은 아니다. 반대를 당하지 않고 내 주장을 펼칠 기회가 반드시 온다. 그때를 위해 한 발 후퇴하는 것도 나쁘지는 않다.'

고집을 부리지 않고 선선히 한 발 뒤로 빼는 모습은 사람들의 지지를 모을 수 있는 고결한 행동이 될 수 있다. 또 한 발짝 뒤로 물러선다는 것은 상대의 말을 존중해 주는 것이 된다. 만약 자신의 말이 사실과 다를 경우에도 부끄러움을 덜 수 있다.

유머가 모욕적인 농담이 되지 않게 하라

어떤 사람은 이렇게 말한다.

"나는 남들이 내게 했던 좋은 말들은 거의 기억을 하지 못한다. 그러나 20년 전에 들었던 어떤 사람의 모욕적인 농담은 아직도 생생히 기억하고 있다."

당신의 유머가 모욕적인 농담이 되지 않기 위해서는 보통의 말보다 더 많은 주의와 노력을 기울여야 한다.

먼저 인정하고 나중에 반박한다

상대의 말을 부정하려면 긍정 후에 부정하라.

"에이, 그건 아닌데요."

"저는 반대 의견입니다."

상대로부터 단단히 미운 사람이 되거나 적이 되겠다면 이렇게 말해도 좋다. 그러나 상대의 의견에 완곡히 반대하면서 자기의 뜻을 관철하고 싶다면, 반대의 의견을 말하면서도 상대를 내 편에 묶어두고 싶다면 우선 상대의 의견을 인정해 주고 나중에 '그러나~' '하지만~'이라는 반박의 접속어를 사용해 보는 것도 방법이다.

상대의 입장을 충분히 이해해 주면서 동시에 상대의 말을 반박하고 자신의 의지를 관철하는 것이다.

누구나 자신을 인정받고 싶은 욕구를 갖는다. 설령 내가 큰 잘못을 저질렀을 때라도 힐난이나 비난을 받기보다 이해해 주고 인정받기를 원한다.

그래서 대화를 나누는 도중에 상대의 의견과 다른 생각을 가지고 있거나, 상대의 의견에 반대하고 싶을 때가 있더라도 즉각적으로 반대하는 태도나 말을 해서는 곤란하다.

인정받고 싶어 하는 사람들의 기본 욕구를 충분히 헤아린다면 상대의 입장에 긍정적인 태도를 먼저 보이고 나중에 잘잘못에 대한 의견을 주어도 늦지 않다.

남들은 나와 다른 생각을 한다

인생의 가장 중대한 법칙 가운데 하나는
'무슨 일에든 남들은 나와 다른 생각을 한다는 것이다.'
우리가 이와 같은 생각을 염두에 두고 있다면 대인관계의 실패를
절반 이상 줄일 수 있다.

상대를 인정한다

이 말은 대화할 때 가장 중시해야 할 사항이다. 이 말의 뜻을 진정으로 이해하는 사람이라면 다음과 같은 소리를 입 밖에 내서는 안 된다.

"그렇지 않아."

"그럴 리가 없어."

"그건 자네가 몰라서 하는 소리야."

이렇게 해서 얻어지는 것은 아무것도 없다. 자기주장이 짓밟히는 대신 상대의 주장을 받아들여 줄 성인군자는 없기 때문이다.

상대의 자존심을 지켜줘라. 그러면 상대도 역시 나의 자존심을 건드리지 않으려 조심할 것이다.

자존심이란 자기를 지키고 싶어 하는 인간의 기본적인 마음이다. 사람들은 말 한마디로 자존감에 상처를 받거나 심하면 정신적 후유증까지 얻는다.

오늘을 사는 우리들은 숱한 문제를 안고 산다. 서로를 보듬는 행위로 나와 다른 상대를 인정하고 상대의 자존감을 건드리지는 말아야 한다.

이익이 서로 비슷할 때 두 사람은
협력하게 된다

새로운 사람을 사귀고자 하는 사람은 반드시 이 말을 기억해야 한다.
"이익이 서로 비슷할 때 두 사람은 협력하게 된다."
당신이 상대에게 줄 수 있는 것이 아무것도 없다면 상대는 곧 당신을 떠나갈 것이다. 그러므로 당신은 무언가를 줄 수 있는 존재가 되기 전에 사람을 사귀려 드는 것은 아까운 시간을 낭비하는 것과 같다.

상대와 같은 편임을 부각한다

대화는 상대의 마음의 문을 열게 하는 작업이다. 당신이 마음의 문을 열었다고 해도 상대가 문을 열지 않으면 대화는 겉돌기만 할 뿐 알맹이가 없다.

상대의 마음의 문을 여는 작업은 보기보다 까다롭다. 더욱이 상대가 처음 보는 사람일 경우에는 그 어려움이 더 많다.

하지만 전혀 방법이 없는 것은 아니다. 일단 상대의 마음을 여는 열쇠는 상대의 호의를 자극하는 것이다. 호의란 상대가 나에게 가지는 좋은 감정이다. 호의를 가지게 되는 동기 중에 동류의식이란 것이 있다. 인간은 동류의식을 느낄 때 상대와 더 가까워진다.

같은 직장의 같은 부서에 근무한다든지, 같은 동네라든지, 같은 직업을 가졌다든지, 같은 취미를 가졌다든지, 같은 곳에서 군 생활을 했다든지, 심지어는 같은 병을 앓았다든지, 똑같이 막내라든지 하는 것도 동류의식이 된다.

이러한 동류의식은 상대를 자극하고 까닭 없이 당신을 믿게 만들 것이다. 상대를 잘 관찰한 후 이러한 동류의식을 자극하면 적어도 반 발짝 이상은 상대에게 더 다가가게 되고 상대의 마음을 열 수 있다.

공통점을 잡아내라

말을 잘하는 사람은 상대에 대한 정보를 수집하고 그 속에서 자기와 공통된 점을 찾는다. 그런 다음 공통점을 가지고 이야기를 풀어나간다. 공통점을 아는 것만으로도 그 사람과의 대화는 훨씬 잘 이어나갈 수 있다.

사람은 무척 보수적인 동물이라서 은밀히 어딘가 자기와 같은 구석이 있기를 바란다. 그러므로 당신은 취미와 생각, 혹은 삶에 대한 시각 등에서 공감대가 없는지를 찾아본다. 이렇게 되면 각자의 입장이나 가치관, 그리고 상대방의 배경 지식이 어우러져서 상대와 나의 공통점도 자연스럽게 알아나갈 수 있다.

공통점을 빨리 발견하라

사람과 사람이 쉽게 친해지는 것은 서로의 공통된 부분이 있을 경우이다. 이런 가운데서는 쉽게 마음의 문을 열 수가 있다. 얘기를 주고받다 보면 반드시 한 가지 이상의 공통점을 찾을 수 있을 것이다. 이때는 그 화제를 중심으로 이야기를 전개해 나가야 한다. 일치점을 빨리 발견할수록 그 사람과 친밀해진다.

화제를 고를 때 주의할 사항은 항상 자신이 중심이 되는 것이 아니라, 상대편 중심의 화제를 고르는 것이다.

당신의 관심이 골프에 있고 상대편 관심이 야구에 있다면 공통의 화제는 스포츠에 대한 이런저런 이야기를 주 대상으로 삼되 되도록 야구 이야기로 풀어나가야 한다. 서로의 공통된 주제에 관해서 이야기해 나가다 보면 부딪치는 부분도 있는데 이때는 두 사람 간에 일치점이 있다는 것으로도 이런 충돌은 저절로 허물어진다.

여러 사람이 모인 곳에서는 누구나 참여할 수 있는 공통의 화제를 내놓고 이끌고 가야 한다.

당신이 어떤 사람에게 말을 걸 때는 그 사람이 무엇을 말하고 싶은지를 화제로 삼거나 질문하면 된다. 그의 취미, 관심, 호기심, 명예, 재산, 능력 또 그만이 알고 있는 사실 등. 이런 것들이면 어떤 것이든 좋다.

현명한 사람의 특징

어떤 일을 추진하다가 남들의 비난에 마주하면 사람들은 2가지 가운데 한 가지의 반응을 나타내기 마련이다.

첫째는 즉시 일을 중단한다. 그리고 비난에 맞대응함으로써 자신의 귀중한 시간과 에너지를 아낌없이 소비하는 것이다.

둘째는 일의 결과가 모든 것을 말해준다는 결심을 하고 하던 일에 더 집중한다.

상황이 마음에 들지 않더라도 웃으며 헤어져라

우리는 대화가 안 풀리면 화를 내고 상대를 원망하다가 자리를 박차고 일어서 나가버린다. 그러나 노여움을 겉으로 드러내서 얻을 수 있는 것은 아무것도 없다. 인내심을 발휘해 쾌활한 표정으로 상대와 헤어지면 다음번에는 의외로 일이 순조롭게 풀려나가게 된다. 원하는 것을 얻지 못했더라도 웃음을 잃지 않는 것은 다음 기회를 위한 좋은 담보물이 된다.

대화가 어떤 결과를 가져오더라도 끝에 가서는 상대에게 고마워하는 표정으로 헤어져야 한다. 부탁하러 갔다가 거절을 당했더라도 상대가 시간을 내어주고 내 이야기를 끝까지 들어준 것을 고마워해야 한다. 그러면 다음번에 다시 이야기할 수 있도록 길을 터놓는 결과를 얻는다.

반갑게 처음 만나 인사하다가 얼굴을 붉히며 헤어지는 경우도 많다. 그럴 때는 상대에게 기만당한 느낌을 지울 수가 없다. 대화도 마찬가지다.

처음에 반가웠으면 도중에 대화가 어떻게 진행되었든지 간에 끝은 잘 마무리할 필요가 있다. 그 사람과 다시 만났을 때 좋은 감정으로 대화의 물꼬를 트려는 방편이다. 상대와 개운치 못한 관계로 끝났다면 사과를 하고 상쾌한 기분으로 헤어지는 것이 결국은 자기를 위한 것이다.

공개적인 비판은 용기 있는 사람만이 한다

소크라테스는 사람이 많이 모이는 시장에 나가 청년들을 모아놓고 진리와 정의의 존귀함을 역설했다. 당시 권력자들은 소크라테스를 마음속으로 증오하여 그를 고발하고 법정에 세웠다. 재판 결과 전체 500표 중에서 282표가 소크라테스의 사형에 동조했다. 이렇게 된 것은 소크라테스가 당시의 권력자들을 공개적으로 비판해 그들을 아프게 만든 데도 한 원인이 있다.

비판을 할 때의 요령

첫째, 남이 없는 곳에서 조용히 비평한다.

둘째, 미소를 띠고 친절한 태도로 비평한다. 표정은 그 사람에 대한 애정이 묻어나오도록 해야 한다.

셋째, 처음에는 그 사람의 장점을 먼저 칭찬해주고 자극을 주지 않도록 배려한다. 사람에게는 반드시 한 가지 이상 칭찬할 점이 있다는 사실을 믿어야 한다.

넷째, 상대에게 마음의 상처가 되지 않도록 접근해야 한다. 되도록 꾸지람을 한다는 느낌이 들지 않도록 말을 잘 선택해야 한다.

다섯째, 건설적으로 비평한다. 대안을 제시한다. 결점을 지적하는 데 그쳐서는 안 된다. 상대의 발전을 위한 비판이라는 인상을 주어야 한다. 제대로 비평할 줄 모른다면 차라리 가만히 있는 것이 나을 것이다.

여섯째, 비평한 다음 다시 한 번 상대를 칭찬해주고 등이라도 한 번 가볍게 두드려준다.

일곱째, 비판을 위한 비판보다 창조적인 비판을 함으로써 상대의 진가를 높여주어야 한다.

다음번을 위해 복습하라

어느 날 어떤 주제의 대화가 오고 갔다. 당신은 화제의 흐름을 잘 잡지 못해 다른 사람이 주고받는 대화를 듣고 있는 축이었다고 하자. 당신이 대화에 참여 못 한 것은 당신이 듣기를 좋아해서가 아니고 단지 아무것도 알지 못해서이다. 그렇다면 앞으로도 계속 모른 채로 남아 있을 것인가?

따라서 당신은 집으로 돌아오면 일단 책을 찾거나 컴퓨터를 열어서 사람들 사이에 오간 대화가 사실인지 아닌지를 확인할 필요가 있다. 그리고 다음번에 같은 대화가 오갈 경우를 대비해 폭넓은 지식을 확보해 두어야 한다. 어떤 사물이나 사건 등에 대해 더 많은 것을 알수록 대화에 자신감이 붙는 것은 당연한 이치이다. 더 많은 것을 알아 지식을 자랑하라는 얘기가 아니라 그들에게 유익한 정보를 제공하고 더 많은 대화를 이어가기 위함이다.

모르는 것은 모른다고 말하라

대화가 한없이 진행되는 동안 당신만이 모르는 이야기가 나오면 어떻게 할 것인가? 남들은 웃거나 이야기를 나누는데 당신만이 모르는 상태라면 여간 난감한 일이 아니다.

가령 그 전시회를 자신만이 보지 못했다면 애써 숨길 일이 아니다.

"난 그 전시회를 아직 가보지 못해서 그림에 대해 논할 수가 없어. 무슨 이야기지?"

이렇게 말하면 상대가 반문해 올 수 있다.

"여태껏 그 유명한 전시회를 안 가봤단 말이야?"

그러나 그 이상 당신을 추궁하거나 비난하지는 않을 것이다. 오히려 그 전시회의 그림을 자신의 감상을 곁들여 설명을 하려 할 것이다. 다른 사람들도 상대가 미처 설명하지 못한 부분을 대신 설명을 해주려고 안달을 할지도 모른다.

중요한 회의에서 반드시 알고 있어야 할 사항을 알지 못한 것은 잘못이겠지만 일반적인 대화에서 어떤 이야기가 진행 중이라면 모르는 부분을 솔직히 말하는 것은 결코 잘못이 아니다. 그리고 모르는 부분을 상대에게 질문하는 것은 상대를 우쭐하게 해주고 상대에게 한수 가르치려는 욕구를 한껏 자극한다.

모르는 것을 아는 척하지 말고 "잘 모르는데 좀 알려주면 좋겠다"고 적극적으로 말하는 것이 좋다.

소문에 대한 경고

- 수다스러운 혀는 나쁜 술버릇보다 더 곤란하다.
- 유령을 만나면 도망가는 것처럼, 나쁜 소문에서도 도망쳐라.
- 뒤에서 욕을 하는 사람이 없어지면 분쟁은 저절로 사라진다.
- 미담도 여러 사람의 입을 거쳐 가는 동안에 욕이 되어버린다.
- 소문은 친구 사이도 끊어놓는다.
- 보지도 못한 것을 혀로 발견하려 들지 말라.

비밀의 파수꾼이 되어라

업무상 알게 된 이야기는 남에게 해주는 일이 없어야 한다.

남에게 신뢰를 받으려면 말과 행동이 일치해야 하고 또 비밀은 굳게 지킬 수 있어야 한다.

"저 사람에게 말을 하면 소문이 퍼진다."

이와 같은 평판이 나면 누구라도 그 사람을 경계하게 된다.

반대로 "저 사람에게는 무슨 말을 해도 비밀이 지켜진다"라고 인정이 된다면 신용이 높아지고 다양한 정보가 들어온다.

사람은 대화해 나가는 동안 상대방의 인간성을 꼼꼼히 체크한다.

자신이 마치 조직 속에서 중요한 인물이나 되는 듯이 말하고 비밀스러운 말을 거리낌 없이 얘기하는 사람이 있다면 그는 조만간 사람들로부터 거리를 두는 외로운 사람으로 전락하고 말 것이다. 그래서 '이 사람과는 어떤 정보도 같이해서는 안 되겠어'라는 다짐을 하게 만들지 모른다.

비밀을 지켜주지 못하고 함부로 남의 이야기를 입에 올리는 사람에게 친구가 생길 리 없다. 비밀의 파수꾼은 상대에게 굳건한 믿음을 생기게 한다. 남의 이야기를 함부로 입에 올려서 분란을 생기게 하는 사람에게 대화의 품격을 찾아볼 수가 없다.

이야기할 때 기본적인 마음가짐

1. 거짓을 말하지 않고 불확실한 사실은 단언하지 않는다.
2. 상대와 함께 동고동락한다.
3. 칭찬의 말을 아끼지 않는다.
4. 대화는 호의로 시작해서 호감을 남기는 작업이다.

말을 할 때도 계획성이 있어야 한다

일할 때는 반드시 미리 계획을 세워두어야 하고, 말을 밖으로 낼 때는 반드시 그것을 실천할 수 있을지를 염두에 두어야 한다.

계획 없이 시작한 일은 도중에 차질이 생기기 쉽고 비록 성공한다 해도 불필요한 수고와 시간, 물자를 낭비하는 결과를 초래하곤 한다. 만약 당신이 실천 가능성도 생각지 않고 말을 함부로 하면 계획 없이 일을 시작하는 것과 똑같은 결과를 가져오게 된다. 그렇게 되면 당신의 일에 협력해 줄 사람이 점점 없어지고 당신이 하는 말을 믿으려 하는 사람이 없게 된다.

"사람이 말을 쉽게 하는 것은 책임감이 없기 때문이다."

위 말이 사실이라면 당신은 말을 계획성 없이 함으로써 무책임한 사람으로 전락하고 만다.

"내가 다음 주 너희 이사할 때 짐 정리를 해주러 올게."

이렇게 말하고 약속을 지키지 못한다.

"우주 산악회 북한산 등반 모임에 참가할 거야. 그때 보자."

이렇게 말해놓고 등반 모임에 참석하지 않는다.

약속을 하거나 말을 할 때에는 책임이 있어야 하고 말을 할 때도 행동을 할 때처럼 미리 계획해서 입에 올려야 한다. 빈말을 하는 사람에게 사람들이 꼬일 리 없다.

약속은 반드시 지킨다

지키지 못할 약속은 아예 하지 않는 것이다. 지키지 못할 약속을
하지 않음으로써 당신은 양심에 대한 가책과 당신의 개인적 명성에
끼치는 손상으로부터 해방될 수 있다.
당신은 어떤 사람의 요청에 '그래요'라고 대답하기 전에 모든 것을
치밀하게 고려할 수 있어야 한다. 당신이 약속을 줄이고 중요한 몇
가지 약속만 지킨다면 약속을 잘 지키는 사람으로 알려지고, 또 신
뢰를 얻을 수 있다.

약속 불이행의 대가

언행이 일치되지 않는 사람은 다른 사람으로부터 신뢰를 상실한다. 신뢰를 상실한 사람은 어려운 일이 닥치거나, 실패에 처해 있어도 도와줄 친구가 없다. 말과 행동이 다른 사람은 누가 봐도 진실해 보이지 않는다. 말만 앞세우는 사람이라든지, 생각도 안 해보고 행동부터 개시한다든지 하는 선입견을 주기 때문이다.

약속은 그 사람의 신용을 잴 수 있는 가장 손쉬운 방법이다. 나와 관계를 맺게 될 사람의 됨됨이를 알아볼 수 있는 바로미터가 약속이란 점을 머릿속에 넣어둔다면, 사람끼리 생겨날 분쟁의 소지를 줄일 수 있다.

약속을 지키지 못할 바에야 즉시 거절하는 것이 약속을 지키지 않는 것보다 낫다. 해놓은 약속은 아직 지불하지 않은 채무라고 볼 수 있다. 그러므로 지킬 수 없는 약속은 차라리 처음부터 하지 않는 것이 좋다.

약속을 잘 지킨다는 것은 곧 말과 행동이 일치함이니 말이 곧 행동이요, 약속이 되는 셈이다.

약속 불이행의 매운맛, 그건 약속을 지키지 않는 사람이 맛봐야 할 대가이다.

실수는 바로 인정한다

우리가 어떻게 실수를 대처하는가는 앞으로 삶의 질에 큰 영향을 준다. 따라서 우리가 즉시 실수를 인정하고 이것을 고침으로써 이 같은 실수가 앞으로 우리의 삶에 영향을 미치지 못하게 한다면 우리 자신은 다시 신뢰를 회복하게 된다.

실수했을 때 즉시 이를 인정하고, 실수를 고치려고 노력하며 또 이로부터 배우려는 자세를 가져야 한다.

진심 어린 사과는 모든 것을 용서한다

마음에서 우러나는 사과를 하려면 대단한 용기가 필요하다.

마음속으로 안정감을 가지지 못한 사람은 사과할 수 없다.

사람은 사과하게 되면 자신이 연약하게 보일 뿐만 아니라 다른 사람이 자신의 약점을 이용할지 모른다고 두려워한다. 이렇게 생각하는 사람들은 실수를 저지르고도 자신의 행동을 정당화하려고 안달을 부린다.

자신의 잘못이 다른 사람의 잘못 때문이라고 합리화하는 것이다. 따라서 만일 이들이 사과한다면 그것은 진심에서 우러나지 않은 피상적인 사과일 뿐이다.

단지 상황을 모면하기 위한 방편으로 일시적인 사과나 마음에 없는 사과를 하는지도 모른다. 사과에는 마음에서 우러나오는 진심이 포함되어야 한다.

진지한 사과는 다른 사람이 신뢰를 느끼도록 만들어준다. 그러나 같은 사과가 반복된다면 이는 불성실한 것으로 받아들여져서 신용에 불리한 영향을 미친다. 사람들은 의도적인 실수, 나쁜 취지, 나쁜 동기에 의한 실수, 실수를 덮어버리려는 오만한 변명 등을 쉽게 용서하지 않을 것이다.

당신을 싫어하는 사람이 있다면
이렇게 하라

서두르지 말고 차분히 공략하라.

그런 사람일수록 소중히 여겨라.

상대방이 보이지 않는 곳에서 칭찬하라.

싫다는 생각이 있어도 그 사람을 제외하지 않는다.

상대방이 적의를 노출해도 그 적의에 개의치 말라.

상대방이 하는 일에 대가를 바라지 말고 담담한 심정으로 협력하라.

상대방이 보이지 않는 곳에서 협력하라.

상대방과 친한 사람을 사이에 두고 서서히 다가가라.

상대방의 취미에 적극적인 관심을 보인다.

지적 만족감을 제공한다

언제 만나도 대화가 원활한 상대가 있다면 어떨까? 지적 만족감을 준다든가, 유익한 정보는 물론 무언지 모르게 감동과 용기와 같은 자극을 줄 수 있는 사람이라면 어떨까? 사실 사람을 만나 대화를 할 때 화제가 언제나 같은 영역을 맴돌기만 한다면 무능하다는 느낌을 떨쳐버릴 수가 없다.

시작하기도 전에 결과가 예상되는 모임에서는 모임 자체가 의미를 잃게 된다. 따라서 사람을 만날 기회가 있을 때는 언제나 어떤 형태로든지 지적 선물을 준비할 마음의 배려가 있어야 한다. 내용이 풍부한 이야기를 들려준 사람에 대해서는 그 사람 전체를 좋아하게 되고 지울 수 없는 호감을 지닌다.

어떤 대화의 장에서라도 뜬금없는 말을 꺼내서 분위기를 엉뚱하게 만드는 사람이 있는가 하면, 풍부한 유머와 익살로 분위기를 살리는 이도 있다.

유머와 익살에 더해 풍부한 정보나 지식을 공유하는 사람이 있다면 누구에게나 호감을 산다. 지적 만족감을 체험하게 해주는 대화를 이끄는 사람은 다음번 만남에도 사람들에게 희망을 갖게 만든다.

한탄하거나 징징거리지 마라

무슨 이야기를 하든 일단 한탄하는 소리, 우는소리부터 하는 사람이 있다. 우는소리로 징징대면 이야기 상대가 동정을 보태 그 한탄을 들어줄 거라고 여기는 것이다. 어떤 사람도 남의 한탄이나 우는소리를 오랫동안 들어줄 사람은 없다. 한탄하는 사람이야 가슴속이 후련할지 모르지만 듣는 사람으로선 유쾌한 일이 아니다.

한탄을 자주 하는 사람은 매사에 일이 잘 풀리지 않는 경우가 많다. 그와 마찬가지로 한탄이나 부정적인 요소를 자주 던져주는 사람은 그만큼 다른 사람에게 부정적인 인상을 남긴다. 당신이 한탄조로 말하거나 자신의 근심을 이야기해야겠다면 되도록 짧게 끝내야 한다. 우는소리로 징징거리면 상대방에게 어느 정도 동정심을 자아내는 것 이상 얻어낼 것은 없다. 오히려 당신의 체면을 구길 일이 더 생긴다.

신체 언어의 심리 익히기

- 눈, 코, 턱 등의 얼굴 일부분을 만지는 경우 : 어색함을 감추거나 불안, 심리적 불편함을 감추기 위한 의사 표시.
- 상대를 위아래로 훑어보는 경우 : 상대를 불신하거나 경멸하고 있는 상태.
- 눈을 크게 뜨고 상대를 바라보거나 오래도록 주시할 때 : 상대에 관한 강한 흥미나 관심을 느끼고 있는 상태.
- 말을 하면서 손으로 입을 가리는 경우: 상대를 경계하거나 낯설어하는 마음을 감추기 위한 행위.
- 코를 만지작거릴 때 : 부탁에 대한 부정적인 의사 표시.
- 턱을 만지작거릴 때 : 불안이나 고독한 기분을 전환하고 싶어 하는 심리 상태.
- 대화 중에 두 손바닥으로 턱을 고일 때 : 누군가에게 위안을 받고 싶어 하는 상태.
- 주변의 물건을 쉴 새 없이 만지작거릴 때 : 긴장하고 있거나 경계하고 있다는 뜻.
- 팔짱을 끼고 이야기를 들을 때 : 상대의 말을 비판적으로 듣고 있다는 뜻.
- 꼬고 앉은 다리의 위쪽 발을 까딱까딱 흔드는 경우 : 긴장을 풀고 편안하게 있다는 뜻.

상대를 휘어잡는 5가지 비결

어떤 사람과 대화를 하고 나면 유쾌한 감정이 들 때와 불쾌한 감정이 들 때가 있다. 그것은 당신의 대화 상대가 누구였느냐에 따라 달라진다. 이와 같은 느낌은 상대방에게도 마찬가지다. 따라서 당신이 상대방에게 좋은 대화 상대로 남기 위해서는 다음과 같은 사항 중 적어도 3가지 이상을 지켜야 한다.

첫째, 상대방의 말을 진지하게 경청한다.
둘째, 상대방이 쉽게 대답할 수 있는 질문을 한다.
셋째, 상대방이 자신을 자랑할 수 있도록 유도한다.
넷째, 이야기하는 동안 상대방의 관심은 당신이 아니라 그 사람에게 있다는 사실을 이해한다.
다섯째, 당신이 이야기할 차례는 항상 상대방의 말 중간이 아니라 상대의 말이 끝난 후이다.

감상을 미리 말하지 말라

"거기에 가보면 정말 놀라운 일이 생길 거예요."

"여러분들을 놀라게 할 빅 뉴스가 있는데요."

"제 이야기부터 들어보실래요?"

이처럼 미리 단정해 놓고 이야기를 시작하는 사람이 있다. 그러나 그것이 정말로 웃기거나 재미있거나 중요하거나 깜짝 놀랄 만한 이야기가 아니라면 공연히 실없는 사람이 되어버릴 것이다.

먼저 떠벌리는 버릇은 다른 사람을 질리게 만든다. 아무 일도 아닌 것을 처음부터 바람을 잡는다. 사람들은 그럼 다음 이야기가 뭘까 기대하지만 나오는 이야기라고는 들을 거리도 없는 내용이라면 어떨까.

"내 이야기 좀 들어보라니까."

아무 감상도 없는 무미건조한 말을 먼저 던지는 우를 범하지 말 일이다.

그냥 되물어주어라

대답이 궁할 때, 또는 대답하고 싶지 않은 질문에는 질문을 돌려주
면 된다.

누가 당신에게 "아직 왜 결혼을 안 하셨지요?"라고 물어온다면 다
소 기분이 나쁘고 딱히 좋은 대답도 생각나지 않는다. 이때에는 질
문을 되돌려주면 된다.

"당신은 왜 여태 결혼을 안 하셨지요?"

"저는 아직 나이가 있으니까요."

"그래요. 저도 아직 할 일이 많고, 결혼을 서두르고 싶지 않아서 말
입니다."

이렇게 말한다면 대답을 궁리하느라 쩔쩔맬 필요가 없다.

침묵의 효과를 최대한 이용하라

터키 남부 토로스 산맥 어느 후미진 곳에 독수리의 서식지가 있다고 한다. 이곳에 사는 독수리들의 가장 좋은 먹잇감은 바로 여기를 지나는 두루미들이다.

두루미들이 토로스 산맥을 지나갈 때면 종종 독수리들의 공격을 받는다고 한다. 두루미는 평소 시끄럽게 우짖는 새로 알려져 있고, 특히 하늘을 날 때는 더욱 요란한 소리를 낸다고 한다.

그런데 무리를 지어 나는 두루미들이 토로스 산을 지날 때 지저귀는 소리가 독수리들에게는 좋은 먹이가 도착한다는 신호로 포착된다. 곧잘 소란스럽게 지껄이는 몇몇 두루미들을 공격해 먹이로 삼고 만다. 이런 독수리들의 공격에도 나이 많고 숙련된 두루미들은 자신들의 소란스러운 약점을 드러내지 않는다. 날기 전에 독수리들의 공격을 피하려고 그들의 입에 꽉 찰 정도의 돌을 물고 하늘을 나는 여행길에 오른다.

노련한 두루미들의 선두 비행으로 나머지 무리가 질서를 지키며 독수리의 밥이 될 위험에서 벗어나 무사히 여행을 마친다고 한다.

말이 많으면 실수가 잦다. 일상생활을 하면서 말 때문에 싸움의 불길을 키우는 일은 수두룩하다. 말로써 싸움의 불길이 일어날 때는 차라리 침묵하는 것이 좋다. 침묵이 때로는 금처럼 값진 경험을 가져다줄 것이며, 사람을 변화시켜 준다. 입을 열어 다툼이 되느니 차라리 입을 닫고 침묵하는 게 낫다.

말의 진정한 기술

화술은 단순한 기술이 아니고 그 밑바탕에는 진실과 성심성의가
깔려 있어야 한다. 말을 잘하는 조건은 첫째 진실, 둘째 양식, 셋
째 기분, 넷째 재치이다. 진실은 어떤 대화에서도 가장 중요한 요
건이다.

과장은 허풍쟁이를 만든다

세상에는 무엇이든 과장하려 드는 사람이 있다. 이것은 과장이 점점 버릇이 된 탓이다. 똑같은 거짓말도 서너 차례 반복하다 보면 실제로 그런 것인 양 착각이 들 때가 있다.

가령 당신이 미국 여행을 두 차례 했는데, 이를 다른 사람들에게 10여 차례 갔다 온 것으로 부풀리기 시작하면 어느 순간에 당신이 정말 10여 차례 여행을 다녀온 것으로 생각된다.

이것은 결국 거짓말이 거짓말을 만들어내는 꼴이다.

지나친 과장으로 말하는 사람은 성격상 문제가 있거나 자신의 말이 남에게 잘 받아들여지지 않는 결함을 가지고 있다. 그러므로 당신은 진실이 아닌 것은 말하지 않는다는 마음가짐을 가진다면 대화가 끝나고도 후회하는 일이 없어진다.

과장이라고 해서 숫자를 부풀리는 것만이 아니다. 말마다 최상급의 표현을 버릇처럼 붙여서 말하는 사람들은 환영을 받지 못한다.

"넌 세상 누구와도 바꿀 수 없는 보물 같은 존재야."

"난 내가 세상에서 제일 예쁘고 착하다고 여겨."

가장 가까운 사람에게, 연인이나 친구 사이에서는 이런 최상급의 표현으로 상대와의 친밀감을 높여주는 것은 나쁘지 않다. 그만큼 상대를 귀하게 여긴다는 것의 다른 표현이기 때문이다.

그러나 말끝마다 "네가 최고다!" "이것이 가장 좋다"라는 표현을 남발하다가는 말의 진실함을 오해받기 쉽다.

상대의 주의력이 산만해진 징후

상대의 주의력이 산만해지면 이쪽에서 아무리 많은 말을 늘어놓아
봐야 소용이 없다. 그때는 자신의 말을 중단하고 상대에게 대화의
바통을 넘기는 것이 좋다.
그렇다면 상대의 주의력이 산만해진 경우를 어떻게 알 수 있을까?

1. 질문에 대한 적절한 응답이 없는 경우
2. 이야기의 흐름과는 상관없는 질문을 던지는 경우
3. 이미 결론이 난 이야기에 대해 새로운 문제를 제기하거나 질문
   을 하는 경우
4. 부적절한 표현이나 결론에도 고개를 끄덕이거나 수긍을 하는
   경우

화제는 자주 바꾸어주어야 한다

당신이 상대방의 주의를 끌려면 다음의 사실을 먼저 알아야 한다.

상대는 당신의 말을 귀담아들으려 하겠지만 끝까지 당신의 말을 경청하지는 않는다. 당신의 말이 조금이라도 재미가 없고 자기 문제와 관련되지 않으면 그는 곧 듣기를 중단하고 자신의 문제에만 몰두할 것이다. 당신이 상대방의 주의를 끌고 싶다면 상대방이 관심을 가진 분야로 화제를 돌리면 된다.

상대는 복잡하고 관심이 없는 이야기는 질색이다. 조금만 허점을 보이면 곧 다른 생각을 한다. 그러므로 당신이 이야기로 상대의 관심을 묶어두는 시간은 극히 짧은 시간에 불과하다.

되도록 화제를 돌려가며, 표현을 바꿔가며, 이야기하지 않으면 안 된다.

말을 잘한다는 것은 99%의 노력으로 이루어진다. 노력 없이 많은 사람들에게 공감을 얻고, 대화를 리드할 수 있는 기회가 주어지는 것은 아니다.

화제란 노력 정도에 따라 그 풍부함이 달라지는 대화의 산물이라 할 수 있다. 따라서 좋은 이야깃거리란 많은 수집의 노력이 있어야만 보다 풍부하게 보유할 수 있다.

겉치레 말을 반복하지 말라

보통 겉치레 말은 듣는 사람의 기분을 좋게 만들지만 현실과 동떨어진 겉치레 말은 상대에게 혐오감을 줄 수 있다.

한두 번의 겉치레 말은 상대에게 호감을 불러일으키고 좋은 인상을 남길 수 있지만 반복된 겉치레 말은 거짓말을 반복하는 것처럼 상대에게 혐오감을 줄 수 있다.

만약 상대가 "선생님 같은 분을 만나게 되어서 정말 영광입니다"라고 겉치레 말을 해오면 어떻게 할 것인가?

분에 넘친 겉치레 말이라고 생각되더라도 "무슨 영광입니까? 저와 같이 미천한 사람을…" 이처럼 반박하지 말고 단지 "감사합니다"라고 웃는 얼굴로 대답해 주어야 한다.

사실을 말하라

이야기에는 두 종류가 있다. 사실을 근거로 한 부분과 그 사람의 추측과 판단, 상상력을 근거로 한 부분이다. 사실인지 아닌지 알지도 못한 채 억측을 동원해서 마구 떠벌리는 사람이 있다. 그런 사람은 상대로부터 단단히 역겨움을 당한다.

요즘엔 사실을 전달하는 매스미디어에 종사하는 사람들조차 가짜 뉴스를 생산해 내고, 그 가짜 뉴스가 사실인 양 전파되어 아무 잘못도 없는 피해자를 만들어낸다. 가짜가 진짜로 받아들여질 때 발생하는 수많은 폐해를 당해보지 않은 사람은 모를 것이다.

그런데 대개 우리는 가짜를 진짜로 만들어내는 속성을 알게 모르게 가지고 있다. 단, 그 속성을 드러내느냐의 차이일 뿐이다. 가짜는 언젠가 사실 앞에 무릎을 꿇는다.

정치판을 보면 얼마든지 그런 예를 보게 된다. 거짓은 진실을 이길 수 없다. 언젠가는 거짓의 진실이 밝혀진다.

가짜가 판치는 세상에서 진실이 설 자리를 잃은 지 오래다.

갖가지 음모론이 떠돌고 진짜가 가짜가 되고, 가짜가 진짜가 되는 세상에 진실한 말 한마디를 성의 있게 할 수 있는 사람만이 대화의 품격을 아는 사람이다.

상대의 자존심을 세워줘라

대화는 양쪽이 노력하여 훌륭한 제3의 의견을 만들어낼 때 진가가 발휘된다. 대화란 혼자서 하는 작업이 아니다. 알고자 하는 노력(듣기)과 알리고자 하는 노력(말하기)이 잘 조화를 이룰 때 비로소 그 대화는 아름답고 즐겁게 된다. 이러한 상황을 맞이하려면 상대를 훌륭한 대화 상대로 대접해 주고 끊임없이 이해하려고 노력해야 한다.

이때 가장 좋은 방법은 상대의 자존심을 살려주는 것이다. 상대의 자존심을 빈틈없이 살려준다는 마음가짐만 있으면 대화에서 실수는 거의 없다.

상대가 한몫 거들게 하라

잘 아는 사실이 기억나지 않을 때가 있다. 만약 말을 하는 도중에 그와 같은 상황이 발생한다면 그냥 얼버무리거나 시간을 소비해가며 기억을 하려고 애쓸 필요가 없다.

대화 도중 어떤 사람의 회사명이나 직책이 기억나지 않는다면 "정 대리의 회사가 어디였더라?"라고 물어서 상대방도 같이 생각을 할 기회를 만든다.

만약 그가, "정현우 대리 말씀입니까? 일산에 사무실이 있다고 했습니다"라고 말한다면 무릎을 치며 이렇게 말한다.

"그래, 일산 호수공원 근방에 사무실이 있다고 했었지. 자네는 제대로 기억하네. 그래…, 그 정 대리가 말야…."

이렇게 이야기를 이끌어나간다면 상대는 더욱더 집중해서 들을 것이다. 또 상대는 자기가 한몫을 했다는 사실에 뿌듯할 것이다. 이 방법을 잘 구사한다면 굳이 모르는 사항만 질문할 필요는 없다. 아는 사항을 모르는 척 상대에게 질문을 던져 한몫할 기회를 제공할 수 있다.

자신만 혼자 말을 해나갈 것이 아니라 간혹 질문을 던져 상대가 말하도록 만든다. 그것은 대화에 상대를 끌어당겨 주의를 다른 쪽으로 돌리지 못하게 할 수 있는 수법이다.

상대의 반응을 살피는 질문

이야기를 하다 보면 상대가 내 이야기를 듣는지 아니면 내 의견에
동조하는지 간혹 궁금할 때가 있다. 그러면 중간중간 살펴보면 된
다. 그래야 내 이야기가 올바른 방향으로 나아가는지 아니면 불필요
하게 말이 길어지지 않는지를 알 수 있다.

"선생님의 경우는 어떠세요?"

"선생님은 어떻게 생각하세요?" 등의 말로써 상대의 반응을 체크
한다.

조용한 사람을 대화에 끌어들인다

여러 사람이 모인 자리에서 대화를 독점하는 사람이 있다. 모임을 끌어나가는 사람이라면 한 사람에게 자주 발언의 기회를 주어서는 안 된다. 다른 사람들이 흥미를 잃어버리기 때문이다. 한 사람이 대화의 주도권을 잡고 이야기를 독점한다면, 틈을 보아 다른 사람에게 발언권을 넘겨 분위기를 바꿀 필요가 있다.

"코로나 시기인데 등산을 좋아하는 종헌 씨는 요즘도 자주 산을 오르시나요?"

"용구 씨는 사진 전시회를 한다고 들었는데, 언제쯤 가볼 수 있을까요?"

이처럼 기회를 보아 제3자의 발언을 유도하는 것이다. 이렇게 함으로써 제3자에 대한 그동안의 관심을 표시할 수 있을 뿐 아니라 지루한 분위기를 자연스럽게 바꾸어놓게 된다. 하지만 상대가 말하는 도중에 이렇게 말하면 주제넘은 사람으로 결례를 범하는 것이 된다. 상대의 말이 일단락될 분위기를 살펴 비슷한 화제를 가지고 제3자에게 발언권을 넘겨주는 형식을 취해야 한다.

KBO 한국시리즈 야구 얘기를 하는데, 갑자기 "○○씨, 디자인 사무실을 오픈한다면서요?" 하고 말한다면 그 또한 결례를 범하는 일이다. 한국시리즈 야구 얘기가 진행 중이고, ○○씨가 발언할 기회가 없었다면 이렇게 말할 수 있다.

"○○씨께서도 야구팬이시죠? 혹시 2020년 한국시리즈에 두산을 이긴 NC 팬, 맞으세요?"

CHAPTER 3

말의 색깔

말하는 중간에 관계없는 질문은 하지 말라

열심히 말하는 중간에 별로 관계없는 질문을 하는 사람이 있다. 이렇게 되면 말하는 사람의 심중에 혼란이 생긴다. 말하던 도중에 그런 질문을 받으면 '이 사람은 내 얘기에 별로 관심이 없구나' 하고 서운함이 생기며 불쾌한 기분까지 든다. 관계없는 질문을 받는다면 말하는 사람은 다음 대화를 끌어가기가 싫어진다. 자기 이야기에 흥미를 잃고 있는 상대에게 무슨 이야기를 하고 싶겠는가.

상대가 말할 땐 그 이야기를 다 듣고 마무리한 다음, 새로운 질문을 던지는 것이 대화의 품격을 지키는 일이다.

말로만 그치지 말고 온몸으로 표현하라

같은 말을 해도 어떤 사람은 귀하게 보이고 어떤 사람은 상스러워 보일 때가 있다. 그건 말하는 사람의 태도에 달려 있다. 똑같은 말인데도 이 사람이 하면 진심으로 와 닿는 반면, 어떤 사람이 하면 건성으로 느껴지는 말이 있다. 이것은 말하는 사람이 그 말을 어떻게 하느냐에 따라 달려 있다. 자기의 품격을 지키고 싶은 사람은 자신을 귀하게 보이는 대화의 자세를 알고 있다. 어떤 사람이 사무실 문을 밀고 들어오면서 "반갑습니다. 안녕하세요!"라고 한마디를 했는데 사무실 안으로 갑자기 환한 햇볕이 쏟아져 들어오는 것 같은 기분이 들 때가 있다.

분명 잘못을 저질렀는데도, "정말, 죄송합니다!" 했더니 그 순간 그만 모든 것을 용서해주고 싶은 사람이 있다. 이는 그 사람이 단지 말로만 표현한 것이 아니라 언어를 몸 전체로 표현할 줄 알기 때문이다. 우리가 말할 때 소리만 듣는 것이 아니다. 상대를 움직이기 위해 말 이외에 온몸으로 표현하는 언어를 구사할 수 있는 사람만이 대화의 품격을 아는 사람이다.

잘못은 바로잡았을 때만 잘못이 아니다

공자의 말 가운데 '아는 것은 안다고 하고, 모르는 것은 모른다고 하는 것이 바로 아는 것이다'라는 말이 있다. 사람들은 알지 못하는 것도 안다고 하는 경우가 많다. 완전히 알고 있다고 생각하는 것도 실상 제대로 알고 있는 것이 적다. 따라서 우리는 확실히 안다고 단정 지을 수 없다.

잘못은 잘못했다고 하라. 잘못은 그 잘못을 바로잡았을 때만 잘못이 아니게 된다. 만일 억누르면 종기처럼 솟아올라 악화되고 만다.

한마디 말로 말 전체를 흐트러뜨리는 어리석음

신용은 대인관계에서 성패를 좌우하는 요소다. 비즈니스 세계에서 신용을 지키는 것은 황금을 지키는 것처럼 소중히 여겨야 한다. 한번 잃은 신용은 되돌리기가 어렵다. 따라서 신용을 지키는 것은 선택 사항이 아니라 의무가 되어야 한다.

대화에서 신용을 지켜야 한다는 것은 헛된 말이 없어야 한다는 뜻이다. 만약 당신이 말한 정보가 정확한 것이라면 상관이 없겠지만 그 정보가 틀렸다면 이건 보통의 문제가 아니다. 상대는 당신의 말 일부분에 대해 불신을 가지는 것이 아니라, 당신의 말 전체에 대해 불신을 가진다.

따라서 정확하지 않은 정보라면 인용을 하지 말아야 한다. 거짓 정보를 가지고 계속해서 말을 이어가다 보면 상대는 이렇게 생각할 것이 틀림없다.

"저 사람의 말은 거짓이야."

"저 사람은 아는 것도 없이 자기주장만 하는 고집불통이야."

"저 사람은 나를 바보 취급하는 거야."

말에도 이처럼 신용이 있다. 한번 실추된 신용은 다시 회복하기 어려우니 조심해야 할 일이다.

대화할 때 어느 부분을 바라보아야 할까?

커뮤니케이션 연구를 수행한 앨버트 메라비안(Albert Mehrabian) 교수가 제안한 메라비안 법칙이 있다. 사람의 첫인상이 얼마나 중요한가를 대변하는 메라비안 법칙에 의하면, 처음 만난 사람을 판단하는 기준으로, 제일 강렬한 것은 시각으로 당사자의 표정과 태도, 복장, 자세, 동작 등이 55퍼센트를 차지한다고 한다. 이처럼 처음 만난 사람을 판단하는 기준으로 가장 강렬한 것이 눈에 보이는 것이라면 우리가 대화할 때 상대의 어디를 바라봐야 가장 좋을까?

– 좌우의 눈과 입을 연결하는 삼각형 부분 75퍼센트
– 이마와 머리 10퍼센트
– 턱 5퍼센트
– 그 밖의 부분 10퍼센트

만약 이와 같은 방법이 복잡하다고 여겨지면 양쪽 눈과 입 사이를 바라보는 것이 자연스럽고 좋은 방법이다.

눈으로 대화하면 마음이 통한다

대화할 때는 처음에 상대와 부드럽게 시선을 맞추는 것이 중요하다. 상대가 시선을 맞추려 하는데 시선을 돌리는 것은 상대방을 당황하게 만들므로 조심해야 한다. 눈을 맞추는 것은 마음을 통하기 위한 준비 작업이다. 상대와 첫 번에 마음이 통하지 않으면 그다음부터 무슨 얘기를 주고받든지 막막하다.

사람들이 대화 상대로부터 눈길을 돌리는 것은 두려움, 불안, 자신 없음, 혐오감이 원인이 되는 경우가 많다. 당신이 누군가를 만나면 몇 초의 짧은 시간일지라도 상대의 시선을 부드럽게 맞이해야 한다.

우선 대화의 상대를 만나면 2~3초간이라도 상대와 시선을 맞춘다. 인사말을 건네고 나면 비로소 자연스럽게 다른 곳을 보아도 좋다. 상대를 너무 뚫어지게 쳐다보고 있으면 오히려 그쪽에서 부담감을 느낄 수 있으므로 상대를 집중적으로 바라보는 일 또한 적절한 것은 못 된다.

옛날에는 이성과의 만남에서 눈을 맞추는 것만으로 상대를 마음에 들어 한다는 뜻으로 통했으나 요즘은 그와 같은 오해의 여지는 없으니 상대와 눈을 마주치는 일을 주저해서는 안 된다.

시선을 다른 곳으로 옮겨갈 때는 급작스럽게 한 번에 옮겨갈 것이 아니라, 상대의 눈 주위, 다음은 얼굴의 다른 부분, 그리고 자기가 원하는 방향의 순서로 점차 옮겨가야 한다.

말의 속도가 갖는 중요성을 인식하라

말의 속도가 빠르면 긴급하거나 극적인 효과를 더해줄 수 있다. 말
하는 사람이 무언가 열망을 지녔음을 느끼게 한다. 하지만 너무 빠
르면 듣는 사람이 조급해지고 산만해진다.

느린 말은 신중함과 무게가 느껴진다. 그러나 너무 느리면 자신감
이 없어 보이고 듣는 사람을 지루하게 만든다.

밝은 마음이 밝은 목소리를 만들어낸다

목소리는 지문처럼 한번 물려받으면 쉬이 고칠 수 없는 것이라고 말한다. 그러나 절대 그렇지 않다는 것을 아나운서나 성우를 통해서 알 수 있다. 그들은 부단한 노력으로 매스미디어를 통해 울려 나오는 목소리를 계발한 것이다. 그들의 실생활 목소리와 마이크 앞에서 말할 때의 목소리는 사뭇 다른 경우가 많다. 그들의 목소리는 연습의 산물이다.

자기 목소리를 완전히 개조할 수 없다면 다음과 같은 방법으로 어두운 목소리를 밝게 만들 수가 있다.

가슴을 활짝 편다. 반가운 상대를 만났다고 생각한다. 그리고 지금부터 펼쳐질 대화가 몹시 재미있을 거라고 기대한다. 바로 명랑한 마음가짐이 명랑한 목소리를 낼 수 있는 비결이다.

밝고 환한 목소리로 정확한 발음을 내며, 음성을 잘 관리해야 한다. 목소리는 대화에서 가장 훌륭한 역할을 담당할 기능적인 요소이다.

불쾌한 화제는 피한다

누군가를 당혹하게 하거나 불쾌하게 만들 우려가 있는 화제는 피해야 한다. 만약 누군가가 그러한 화제를 꺼내면 기회를 보아 얘기를 딴 방향으로 돌리는 수완을 발휘해야 한다. 자신도 모르게 누군가에게 고통을 주는 화제가 있기 마련인데 상대의 가슴에 깊은 상처를 남기게 된다. 아무리 분위기가 좋은 자리라 하더라도 특정인을 당혹하게 만드는 말을 해서는 안 된다.

정보를 제공할 수 있는 존재가 돼라

새로운 것, 비밀스러운 것, 아무도 알지 못하는 것을 알고 싶어 하는 욕구는 누구나 가지고 있다. 그래서 우리는 유명 연예인, 유명 인사들의 사생활 관련 소문이나 뉴스가 나오면 호기심을 갖고 덤벼들어 관심을 보인다. 따라서 가짜 뉴스, 자극 뉴스, 선정 뉴스가 만들어지는 것이다.

그러나 비밀스럽고 은밀하며 신선한 얘기라고 한 것과는 달리 실제 내용이 낡은 것이거나 전혀 비밀스럽지 않은 이야기라면 우리의 관심은 금방 식어버린다. 그렇다고 하더라도 상대의 호기심을 자극해 자신의 말을 경청하게 만든 효과는 없어지지 않는다.

그러나 너무 남발해도 문제가 되지만 좌중의 분위기가 어수선하고 집중력이 흐트러질 때, 혹은 상대와 친밀한 관계를 유지하고 싶을 때는 이런 방법을 써보는 것도 효과가 있다. 비밀스럽고 생소한 정보를 알려주는 상대라면 같은 편이라는 강한 유대감이 생긴다.

우리끼리라는 동류의식은 정보조차 함께 공유해야 한다는 유대감을 만든다. 요즘 같은 세상에서는 그것이 패거리 문화로 전락할 우려가 있지만 사람과의 대화에서는 중요한 사교의 수단이 되기도 한다. 잘 이용해야만 후환이 없다는 사실을 잊지 말 일이다.

정열적으로 말하라

정열적으로 말을 하는 사람은 그렇지 않은 사람에 비해 더 많은 관심을 가진다. 그런 사람의 말속에는 활기찬 기운이 흘러넘치고 그것은 공기를 타고 옆 사람에게 전해진다. 말에 확신이 스며들어 있으므로 제스처도 힘 있게 보태진다. 목소리와 표정이 확신에 차 있으면 듣는 사람은 저절로 신뢰하게 된다.

따라서 말속에 힘이 느껴지도록 하는 것은 말하는 사람으로서 갖추어야 할 기본적인 요건이 되는 셈이다. 말하는 사람이 자기 생각을 확신에 찬 음성으로 말할 때 지지자는 반드시 생기게 마련이다.

열의를 가지고 말하면 신뢰는 저절로 모아진다

　말할 때는 열의를 가지고 말을 해야 상대가 관심을 가지고 듣게 된다. 상대가 관심을 가지든 말든 심드렁하게 말을 한다면 상대는 곧 나의 말을 듣기보다는 집에 두고 온 강아지 생각으로 바뀔 것이다.

　열의나 성의를 가지고 말을 하면 상대가 부정적인 사람일지라도 곧 입장 바꿔 이쪽의 의견에 귀를 기울인다. 이처럼 상대의 관심을 불러일으키려면 어디까지나 진지하고 적극적인 열의가 있어야 한다. 아무리 좋은 표현을 가져다 붙이고 아무리 적절한 예를 들어도 열의나 성의가 없다면 무용지물이다. 열의를 가졌다는 것은 그런 만큼 열정적이라는 것과 맞닿아 있다.

　열의를 가지고 말하는 사람은 호감을 산다. 그것이 허풍이나 과장된 사실을 부풀리는 일이 아니라면 누구에게나 신임을 얻는다.

　자신 있게 말하는 사람에게는 이런 열의가 보인다. 열의를 가지고 대화에 임하는 사람에게 느껴지는 자신감은 보기 좋다.

　자신감을 느끼게 하는 방법 중에는 상대와 대화를 할 때 우물쭈물하지 말고 자기의 생각을 소신껏 말하는 것이다.

　열의를 갖는다는 것은 성실함의 다른 표현이다. 열의는 성실함을 마음으로 나타내는 모습이므로 열의에 찬 사람은 누구에게나 환영받는 법이다.

상대방을 가르치려 들지 마라

영국의 체스터필드 경은 말했다.

"상대방을 가르치려 들지 말라. 상대방보다 현명해지도록 노력하라. 그러나 자기의 현명함을 상대방이 눈치채게 해서는 안 된다."

당신이 지극히 똑똑하다면 어떻게 될까?

사람들은 당신에게 별로 할 말이 없다고 생각할 것이다. 그래서 당신을 꺼리게 되고 당신은 외로워질 것이다. 왜냐하면 사람들은 당신을 상대할수록 열등감만 생길 것이기 때문이다.

경쟁심을 일으키고 싶다면 자랑하라

자랑이나 교만은 인간관계의 금기 사항이다. 사람은 누구나 한두 가지 결점을 가지는데 자랑을 하는 것은 자신의 열등감을 감추려는 다른 표현이다. 따라서 지나치게 자기 자랑이 많은 사람은 그만큼 열등감이 컸다고 보아야 한다.

"나는 미국 아이비리그 출신이야…."

그런 말을 하는 사람은 아이비리그 나온 것 말고는 자랑할 만한 것이 없는 사람이기 쉽다.

"유명한 모 인사가 바로 나의 친척이야…."

이런 사람은 자신의 능력이 모자라 친척의 힘을 빌려 성공의 발판으로 삼으려는 사람이기 쉽다. 그러므로 자랑이 많을수록 열등감이 많은 사람으로 보아도 된다.

오래도록 부유한 사람은 부유한 티를 내지 않는다. 그러나 갑자기 돈을 번 사람은 자신의 가난했던 과거를 감추기 위해 부를 과시하려 든다.

한두 가지의 자랑, 남을 경멸하지 않는 투명한 자랑은 애교로 보아 넘길 수 있다. 그러나 반복하는 자랑, 교만이 밴 자랑, 남과 비교하는 자랑 등은 남의 멸시와 투쟁심을 불러오기에 충분하다.

긍정적인 부분에 초점을 맞추어라

부정적인 면, 상대의 의견에 반대해야 할 부분보다는 상대의 이야기 속에서 찬성할 수 있는 부분, 칭찬할 수 있는 부분, 긍정적인 부분에 초점을 맞추어 대화를 끌어 나가보는 것은 어떨까. 상대 의견에 예민하게 반응하지 않고 상대가 말하는 바를 살펴서 어떻게 칭찬할까, 어떻게 동조해 줄까 하는 태도를 보이면 상대는 신뢰감을 지니고 의욕적인 대화를 보여줄 것이다. 그러면 대화에 힘이 붙고 상대와 의기투합이 된다. 대화를 마쳐도 기분이 상쾌해진다. 이렇게 되면 대화의 목적뿐 아니라, 모든 일이 긍정적으로 흘러가게 된다.

상대가 좋아하는 것을 이야기하라

상대의 관심을 끌려고 노력할 필요가 있다. 자신이 먼저 상대방에게 순수한 관심을 보여주면 된다. 즉, 구하기 전에 먼저 주는 것이다.

사람들은 본래 타인에게 관심을 기울이기보다는 자기 자신에게 더 관심을 가지기 때문이다.

상대에게 관심을 표시하는 방법은 상대가 좋아할 만한 것을 주된 화제로 삼는 것이다. 만약 사람들 앞에서 당신이 좋아하는 것만을 화제로 삼는다면 그것은 유치하고 어리석은 노릇이 아닐 수 없다. 사람들은 너나없이 자기 일에만 흥미가 있으므로 당신이 말하는 것에는 흥미도 없을 뿐 아니라 관심도 없다. 따라서 상대로부터 환영을 받을 마음이 있다면 상대가 원하는 문제를 같이 이야기하고 또한 그것에 대하여 자신의 견해를 밝히는 것이다.

헨리 포드는 말했다. 비즈니스에 성공적인 결과를 보이는 사람들의 태도 또한 이와 같다.

"상대방을 이해하고 자기의 입장과 상대방의 입장을 동시에 비교해가며 이야기해 나간다면 그는 반드시 성공할 것이다."

물이 맑으면 고기가 놀지 않는다

사람이 맑으면 좋다고 하지만 그것이 도에 지나치면 사람이 모이지
않는다. 옛말에 탐관오리 밑에서는 살 수 있어도 깨끗한 관리 밑에
서는 살지 못한다는 말이 있다.
지나치게 맑은 사람 곁에 서면 누구나 부담스러워진다. 혹시 책잡
히지 않을까, 내 과실이 드러나지 않을까 하는 두려움 때문이다.

지나치게 맑으면 사람이 모이지 않는다

대화에는 분명히 지켜야 할 예절이 있다. 그러나 너무 격식만을 따진 나머지 대화에 전혀 융통성이 없고 혼자서 고지식하다면 상대는 생각한 바를 기탄없이 털어놓기 어려울 것이다.

이렇게 되면 대화를 할 자연스러운 분위기가 조성되지 않는다. 무슨 말을 하려 해도 화제가 제한되고 대화의 양도 줄어들게 된다.

"스스럼없이 말해 보게."

"이제 격의 없는 대화로 서로를 확인하고 신뢰하는 기회가 되었으면 하네."

"지금 하는 일을 잠시 접고 좀 더 다른 이야기를 해볼까?"

대화 도중 상대가 너무 경직된 자세를 취한다면 이처럼 상대의 조심스러움과 불안을 미리 막아줄 수 있어야 한다. 상대에게 스스로 틈을 보이는 것도 한 방법이다. 어떻든지 대화는 자연스러운 분위기 가운데서 물 흐르듯이 이어져야 한다.

이야기할 때 상대의 얼굴에 초점을 맞추는 것도 어색하다.

"조심스러워서 말을 할 수 없습니다" 하는 경우가 생긴다.

이럴 때는 시선을 상대의 상반신에서 얼굴로, 얼굴에서 다시 상반신으로 자연스럽게 옮겨 가는 기술이 필요하다.

자신의 가치관을 자랑 삼아 말할 필요는 없다

"나는 매사에 부드럽게 상대방을 대하는 스타일이오."

"나는 매사에 맺고 끊지 못하는 사람과는 상종하지 않는 스타일이오."

자신의 가치관을 정당하게 밝히는 것은 칭찬 들을 만하다. 왜냐하면 그만큼 자기 삶의 신조를 지니고 살기 때문이다. 그러나 그것은 서로의 가치관이 맞을 때 하는 소리이다. 대화의 상대방과 전혀 방향이 다른 가치관을 지녔다면 그것을 자랑 삼아 떠드는 것은 자제해야 한다.

가치관의 잣대를 움직이지 말라

어떤 이야기를 할 때 긴가민가해서 자신이 없는 경우가 생긴다. 이럴 때 위기를 피하는 방법이 있다.

"이것은 누구한테서 들은 이야기입니다만…."

이렇게 전제를 깔아두고 이야기해보는 거다. 그 이야기를 두고 상대방이 질문해 오거나 의문점을 던지면 이렇게 빠져나가면 된다.

"글쎄요. 어디선가 들었는데 정확하지 않아서 말씀드리기 어렵네요. 다음에 다시 만난다면 그때 정확한 정보를 드리겠습니다."

대화가 무르익어 가다 보면 확실히 알지도 못하는 이야기들을 마치 자신의 경험처럼 이야기할 때가 생긴다. 기타를 치지 못하는 사람이 마치 자신이 기타의 모든 것을 아는 것처럼 이야기하다가는 언젠가는 들통이 나게 마련이다. 아이를 키워보지 않은 사람이 마치 잘 아는 것처럼 육아 이야기를 하면 누가 진심 어리게 들으려 할까.

남의 이야기를 그때그때 상황에 따라 끌어 붙이다 보면 중대한 실수를 한다. 같은 주제를 놓고 엉뚱한 주장을 펼치는 모습을 보인다. 어떤 땐 '자식이 많을수록 유리하다'고 했다가 또 어떤 경우에는' 자식은 적을수록 좋다'는 식의 논리를 펴는 것이 이와 같다.

좋은 이야기를 인용하는 것은 좋으나, 자신의 인생관과 같이 중대한 사항을 기준 없이 마구잡이로 갖다 붙이는 것은 어리석다.

자신에게 이익이 될 만한 사람이 있으면 그 사람에 맞추어 자기 삶의 가치관마저 바꾸려 하는 사람이 있는데 이런 사람은 언젠가는 곤란을 겪을 가능성이 크다.

숨도 안 쉬고 말하는 사람이 있을 때

자기 이야기에 몰두한 나머지 숨도 안 쉬고 이야기를 떠들어대는 사람을 종종 본다. 마치 사람들이 자기 이야기에 도취해 있다는 착각을 하는지는 모르겠지만, 참으로 말리기 어려운 상황이 되어버린다. 더구나 숨도 쉬지 않고 해대니 누구 하나 그 말을 정지시킬 수 없는 지경이다.

그때 누군가가 나서서 "잠깐, 진정해." "이제 네 이야기 좀 그만!" 하고 말하는 것은 분쟁의 씨앗을 남겨둔 화약고다. 차라리 은근한 행동을 보여주는 것이 좋다. 앉은 자세를 고쳐보거나 고개를 돌려보거나 기침 등을 해서 주위를 환기하는 행동을 하면 말하는 사람 쪽은 속사포처럼 뱉어내던 말의 속도가 늦춰지고 톤이 줄어들 것이다.

듣는 이의 입장이 고려된 대화의 장은 그 품격을 펼칠 좋은 기회가 된다.

들을 땐 온몸으로 들어라

'입을 꾹 다물고 눈을 감고 듣기만 하면 된다!'

이것은 윗사람이 아랫사람의 잘못을 인지한 후 아랫사람이 하는 변명을 들을 때 취하는 윗사람의 자세이다. 아무 앞에서 이런 태도로 이야기를 듣는다면 분명 갑질이네, 권위적이네 하는 민망한 소리를 들을 것이다.

상대와 이야기를 나눌 때 우선적으로 취할 태도는 이야기하는 사람을 향해 몸을 약간 앞으로 내미는 것이다.

그런 자세를 취하게 되면 말하는 사람은 '음, 이 사람은 나의 이야기를 빠짐없이 듣고 있어. 좋아. 됐어.' 하는 기대심리를 가진다. 현재 내 이야기를 경청하는 상대에게 호의를 품은 신호를 은연중에 보내게 된다.

이런 자세로 이야기를 경청한다면 상대방은 분명 열의와 의욕이 넘쳐 이야기의 활력을 불어넣게 된다. 듣는 이의 태도에 따라서 말하는 이의 태도가 달라짐을 보여준다. 사람은 관심 있는 이야기일 경우 자기도 모르게 몸이 상대방으로 기울기 마련이다. 온몸으로 들을 준비하고 대화의 현장에 머물러 있다 보면 품격 있는 경청자의 태도로 주위 사람들이 신뢰를 보인다.

신이 나게 맞장구를 쳐라

자신과는 다른 생각, 의견을 가진 사람과 이야기하는 방법을 제대로 모르는 사람들은, 상대가 말할 때 그 말을 무시하거나 대체로 소홀히 흘려듣는다. 대화할 때 자신과 생각이 비슷하고 관심 분야가 비슷한 사람이면 그 대화는 신이 나고 즐겁다. 그러나 자신과는 생각이 전혀 다르고, 자신이 전혀 모르는 분야의 이야기를 들으면 지루하고 답답하게 느껴진다.

대화할 때 어느 한쪽이 일방적으로 말하거나 일방적으로 들어서는 곤란하다. 대화란 두 사람의 말하기와 듣기가 교차하는 상호작용이다. 그런 가운데 설득과 거부, 교섭과 합의 등의 대화 과정이 나타난다. 뉴턴의 '작용과 반작용'의 이론처럼 두 에너지가 만나면 반드시 마찰열이 발생한다. 우리들의 대화에서 서로의 의견을 나누며 생기는 여러 현상이 바로 그것이다. 그 와중에 번갯불이 튀면서 친밀한 교감이 생겨날 수도 있다. 대화에서 공감과 맞장구는 상대를 위한 배려 차원에서 중요한 수단이다.

상대가 신나서 떠들 수 있게 만든다

이야기 도중 간간이 웃음을 짓거나, 놀라운 표정을 하는 것만으로 상대방 얘기에 대한 호응이 완전하다고는 볼 수 없다.

이야기 도중 적당히 맞장구를 쳐주어야 한다. 맞장구는 타이밍이 중요한데 평소에 맞장구를 치는 연습이 필요하다. 맞장구는 판소리의 장단과도 같다. 말하는 사람이 운율을 느끼며 흥을 돋운다. 상대방에 대한 무한한 신뢰감도 생겨나게 만든다.

맞장구를 칠 때 주의할 것은 반복해서 말하지 않는다는 것이다. 당신이 이처럼 맞장구를 앵무새처럼 반복한다면 '저 사람이 정말 나의 말에 공감해서 그런 것일까?' 하고 의구심이 생길 수 있다. 여기다가 시선을 다른 곳에 두고 말한다든가, 딴짓하며 말할 때 당신의 말은 더욱 신뢰감을 상실한다.

상대가 던진 말에 적극적 반응을 보이면 말하는 사람은 신이 난다. 상대가 던진 말에 맞장구를 치며 고개를 끄덕이거나, 웃음을 보이게 되면 대화는 무르익어 보다 깊게 진행이 된다.

상대가 신나게 떠들 수 있도록 자리를 마련하는 여유를 갖는 것도 좋다.

한 사람의 이야기가 길어졌다면

당신은 분위기를 환기할 필요가 있다.

"죄송합니다만 잠시 화장실을 다녀오겠습니다."

"장소를 다른 곳으로 옮겨서 이야기를 더 하도록 할까요?"

"급히 전화할 곳이 있어서요. 잠시만요."

이렇게 말한다면 상대는 자신의 이야기가 길어졌다는 것을 금방 알아차릴 것이다. 그러나 중요한 것은 그다음이다. 화장실을 갔다 오거나 전화를 하고 나서 반드시 다시 진지한 경청의 자세로 돌아와야 한다는 것이다.

"아까 어디까지 말씀을 했더라…."

이렇게 혼잣말처럼 묻는다면 웬만큼 눈치 있는 상대는 다시 그 말을 이어가기 어렵다. 또 기분이 덜 나빠질 것이다.

듣는 척하면 금방 들통난다

아무리 재미있는 이야기도 10분, 15분 이상을 집중해서 들으면 그 다음부터는 피곤을 느끼고 마음은 산만해진다. 이런 때는 이야기를 들어준다는 것 자체가 힘든 고역이다.

도저히 들을 수 없는 상태에서 건성으로 고개만 끄덕여본들, 상대가 알아차리고 기분 나쁜 내색을 할 텐데, 그것도 결례가 된다. 몇 번은 그런 건성의 태도를 그냥 넘기다가도 계속 고개만 끄덕이고 눈동자는 이리저리 산만하게 돌리고 있거나 아예 고개 숙여 졸고 있는 듯한 모습이 계속되면 말하는 사람은 상대방으로부터 우롱당하는 느낌이 들 것이다.

상대의 이야기를 듣기 어렵고 집중하지 못할 것 같으면 차라리 거짓으로 듣는 척하는 것보다 솔직히 이렇게 말해 보는 거다.

"선약이 있어서 자리를 떠야 할 것 같습니다."

"다음 기회에 만나 이어서 들으면 좋을 것 같습니다."

들어봤자 그 이야기가 그 이야기이고 듣기도 거북한 상대의 말을 언제까지 들어주어야 하는 건가. 그건 고역이다. 이럴 때 역시 정중하게 이렇게 말해 보자.

"충분히 이야기를 잘 들었습니다. 이제 중요한 마무리를 하여 결론을 내는 것이 좋겠습니다."

시선 맞추기와 표정

일단 마주 앉으면 듣는 사람이나 마주 앉은 사람은 시선을 맞춘다. 이 시선 맞추기는 매우 중요하다. 만약 상대가 이야기하려는 순간 눈을 돌린다면 말하는 쪽이나 듣는 쪽 모두가 당황한다. 말의 중간 중간에도 상대의 눈 주위를 부드럽게 바라보는 것은 중요하다. 대신 이야기를 듣는 쪽에서는 말하는 쪽을 쏘아보거나 사방을 두리번거리는 것은 금물이다. 그런 태도를 보인다면 말하는 사람은 급기야 이야기를 닫아버린다. 그리고 그런 태도를 보이는 당신을 경박스럽게 여기게 되는 것은 시간문제이다.

눈 외에도 사람의 얼굴은 많은 것을 상대에게 말해주고 있다. 급히 입술을 다물면 상대는 알아차린다. 모든 것을 완강하게 거부한다는 표현 행위로 여겨지기 때문이다. 어깨를 움츠리는 것은 무관심을 나타낸다. 얼굴을 찡그리는 것도 상대에 대한 불쾌감을 극도로 표현하는 것이 된다.

눈으로 말해요

당신이 상대방의 이야기를 들으려면 귀로 듣는 것은 당연한 일이고, 거기에다 눈으로 들을 수 있어야 한다. 당신은 자연스럽게 상대방의 눈과 마주치게 되는데 이때 눈의 표정이 매우 중요하다.

눈에는 자신이 의식하지 못하는 사이에 여러 가지 표정이 담긴다. 형사들은 범인을 심문할 때 말보다 눈에서 더 많은 것을 알아낸다고 한다. 따라서 자신이 무엇을 생각하든 그것은 짧은 순간이지만 눈치 빠른 상대편에 들키지 않을 수가 없다.

졸린 눈, 귀찮은 눈, 따분한 눈, 억지로 듣는 눈의 표정 대신, 초롱초롱한 눈, 생글생글 웃는 눈, 호기심 가득 어린 눈, 무언가 알고 싶어 하는 열정적인 눈과 마주치면 말하는 사람은 더욱더 생기를 띠고 신이 나는 것이다.

그렇다면 눈은 마음먹은 대로 어떤 표정이든 떠올리게 할 수 있는 것일까? 그것은 물론 훈련으로도 가능하다. 말을 듣는 순간 어떤 마음을 갖느냐 하는 것도 눈으로 표정을 보이는 데 중요한 원인이다.

진정 상대의 이야기에 집중할 마음가짐이라면 눈은 저절로 생기를 띠고 흥미진진한 표정을 짓는 것이 좋다.

질문에 대한 답변은 요령 있게!

남이 물어올 때 '어떻게 대답해야 하지?' 하고 망설일 때가 있다. 망설인다면, 질문자는 질문을 받은 사람에게 원하는 답이 나오지 않을 것을 미리 판단해 버린다.

상대가 요령 있게 질문을 해오지 않을 때도 그 상황에 맞는 대답을 들려줄 때 대화의 품격이 보일 수 있다. 상대를 미리 파악하는 능력도 한몫한다.

그건 쉬운 일이 아니지만, 대화의 방향에 따라 어떤 목적에서, 또 어떤 기분으로 질문하는가를 알아두는 것도 능력이다. 오랜 기술이 필요할지 모르겠지만 대화는 사람 사이의 흐르는 강을 좁히는 최적의 방법이니 그쯤은 알아두는 능력이 매력이 아닐까.

반응을 철저히 하라

상대의 부름에는 철저히 반응하라.

내 이름이 호명됐는데도 고개만 살짝 들거나 옆으로 돌리는 정도라면 부족하다. 그렇게 해서는 안 된다.

호명됐을 때 반응하는 행동과 함께 '네'라고 밝고 큰 목소리를 들려줄 수 있어야 한다. 그까짓 대답 한마디가 대수이겠냐고 생각할지 모르나, 이 대답 한마디가 상대를 화나게도 기분 좋게도 만들 수 있다.

단단히 면박을 주려고 벼르던 상사도 생생한 대답을 들으면 마음이 달라질 수가 있는 것이다.

누가 부르면 '네!'라는 대답과 함께 얼굴을 들고 상대방을 바라보며 명랑하고 씩씩하게 말하는 것이다. 그렇다면 혼내거나 야단칠 요량이었더라도 그것을 피해 갈 수 있게 될 테니 말이다.

상대가 야단을 치고 싶어도 웃는 얼굴에 크게 화를 내지 못하게 마련이다. 이름이 불려졌거나 누군가의 지시나 부탁을 받았을 때 얼버무리는 태도를 보이는 것보다 반응을 철저하게 보이는 연습을 하는 것도 좋다.

그때는 반드시 싫지 않은 표정과 태도, 말투로 반응을 보이면 상대는 비난을 하려다가도 칭찬으로 분위기를 돌릴 경우도 생긴다.

숫자의 매력을 이용하는 대화의 마술

어떤 사람과 약속을 할 때, 다음과 같이 말해 본다.

"내일 아침 8시 45분에 방문하겠습니다."

"지난달과 비교해 회사 매출이 24%나 증가했습니다."

약속 시간을 숫자로 정확히 표현하면 매사에 정확하다는 인상과 시간을 분 단위로 쪼개가며 바쁘게 일한다는 인상을 풍길 수 있다.

숫자의 마술적 가치를 응용하라

사람들의 심리는 참 묘하다. 어떤 문제를 말할 때 정확한 수치를 거론하면 무조건 믿음을 갖는다. 두루뭉술하게 표현하지 않고 숫자로 표현하면 왠지 그 사람은 그 분야에 누구보다도 정확하다는 인상을 남겨준다. 그리고 그 문제에 정통할 것이라는 선입견도 작용한다. 그것은 곧 그 사람에 대한 신뢰감으로 이어진다. 대화 중의 숫자는 마술적 코드이다. 자신을 돋보일 비장의 무기이다.

"이번 주에 업무량이 늘었네" 하면 어느 정도의 업무량이 늘었는지 가늠하기 어렵다. 혹시 상사가 그런 말을 했다면 부하직원들은 내심 '또 우리가 업무를 제대에 해내지 못했다고 잔소리하는 건가?' 이렇게 생각할 수도 있다.

"이번 주에 업무량이 전주와 비교해 20%나 증가했습니다. 그래서 작은 성과를 낼 수 있었습니다"라고 말하면 더 신뢰감이 생긴다.

이처럼 개략적인 숫자로는 좀처럼 반응을 보이지 않는 상대도 구체적인 숫자를 제시하면 활발한 관심을 보이게 된다. 이때 숫자의 마력은 상대방에게 생생하게 다가가게 만든다.

"제가 3일이나 늦었군요. 죄송하게 되었습니다."

사과할 때도 숫자를 덧붙이면 예의 바르고 분명한 느낌을 준다.

다양한 경험은 풍부한 화제를 만든다

영국의 뛰어난 연설가 차머즈는 매우 못생긴 사람이었다. 그 때문에 그는 연설 중에는 원고만 쳐다볼 뿐 얼굴을 드는 법이 없었다. 게다가 지독한 사투리를 구사했다. 명연설가다운 풍모는 어디에서도 찾아볼 수가 없었다. 그러함에도 그의 연설에는 구름과 같은 인파들이 모여들곤 했다. 그것은 그가 다양한 경험에서 우러나온 생생한 연설을 했기 때문이다.

스스로 경험하지 못한 것은 납득시키지 마라

당신의 경험은 이 세상에서 유일하므로 무슨 말을 할까, 어떻게 이야기의 실마리를 풀어갈까 걱정할 필요는 없다. 당신이 겪은 일은 그 무엇에 견줄 수 없는 생생한 이야깃거리가 된다.

그것은 경험에서 우러난 이야기가 사람들로부터 더 친근하게 가슴에 와 닿았기 때문이다. 어떠한 미사여구보다 때로는 자신의 생생한 경험담이 사람들의 관심을 더욱 끌어당긴다.

연설이나 대화를 잘 끌어나가는 사람들 가운데는 다양한 경험의 소유자가 많다. 그들은 살아 있는 경험담을 청중에게 들려줄 수 있기 때문이다.

이처럼 사람 냄새가 풍기는 경험담은 사람의 감정에 호소하므로 더 큰 효과를 볼 수 있다. 단지 이때 조심할 것은 우월감에 취해 말을 해서는 안 된다는 것이다.

"나는 많은 경험을 했소. 그러니 당신들은 그 문제에 관해서는 잠 자코 있는 것이 좋을 것이오."

대체로 자수성가한 사람들은 남의 말에 귀를 기울이지 않는 특성을 보인다. 그런 사람들은 자신의 힘, 자신의 가치관으로 인생의 목표에 도달한 사람들이다. 자신의 우월감, 혹은 성공한 경험을 상대에게 주입하려고 하지만 않는다면, 또 그 이야기가 정처 없이 길지만 않다면 당신이 겪은 어떠한 경험담은 상대를 기쁘게 하는 좋은 이야깃거리가 될 수 있다.

유약한 이미지는 감출 필요도 있다

만약 당신이 우유부단한 성격의 소유자라면, 상대방에게 강한 인상을 심어줄 수 없다. 그런 사람으로 인식되지 않기 위해서는 중요한 시점마다 결단력을 보여주어야 한다.

첫째, 상대의 눈을 똑바로 바라본다.
둘째, 확신을 지니고 크게 말한다.
셋째, 생략 없이 완전한 문장으로 말한다.
넷째, 자세를 꼿꼿하게 유지한다.

위의 4가지 자세를 유지할 수 있다면 당신은 스스로 결단성 있는 사람으로 여겨도 좋을 것이다. 당신이 스스로 결단성 있는 사람이라고 여긴다면 자신감이 생겨나고, 그 자신감은 실제로 당신의 내면에 있는 숨겨진 결단력을 불러올 것이다.

우유부단한 사람을 설득하려 할 때

우유부단한 사람들은 자신이 선뜻 내리지 못하는 결정을 놓고 의견을 좇아가려는 심리가 있다. 나의 경험과 타인의 경험을 비교해서 다수가 행하는 경험 쪽에 행동의 우선순위를 두려는 경향이다. 따라서 무언가 확실한 결정을 상대로부터 얻어야 할 때는 아래와 같은 말을 쓰면 된다.

"이번 추석 연휴는 며칠로 하는 것이 좋을까?"

"네, 사장님! 대부분 거래처도 5일간으로 알고 있습니다."

"그런가? 그럼 우리도 5일간으로 하지. 그리고 보너스는?"

"네, 우리 경쟁사는 200%를 지급하는 것으로 알고 있습니다."

"그래? 그럼 우리는 그 정도나 그 이상으로 하도록 검토해보게."

"그렇다면 직원들은 대환영할 것입니다."

"좋아, 이번만큼은 내가 후덕한 사장이란 소리를 듣겠지."

같은 유머라도 통하는 사람이 있고
아닌 사람이 있다

유머를 잘 활용하는 당신은 그렇지 않은 사람에 비해 여러 면에서
유리하다. 꽉 막혔던 문제가 당신의 유머 한마디에 풀릴 수가 있고,
거리감이 느껴지던 어떤 사람을 손쉽게 사귈 수도 있다. 또 적개심
에 가득한 적의 예리한 공격도 유머 한방에 날려버릴 수가 있다.

그러나 분명히 알아둘 것은 같은 유머라도 어떤 사람에게는 통하고
또 어떤 사람에게는 통하지 않는다는 점이다. '아는 만큼 이해한다'
라는 말이 있다. 그것은 유머 감각이 있는 사람만이 유머를 더 잘
이해할 수 있다는 말과도 통한다.

따라서 당신이 사용한 유머가 어떤 사람에게는 웃음을, 어떤 사람
에게는 지독한 통증을 유발할 수 있다는 사실에 주목해야 한다.

유머 감각은 연습으로 계발할 수 있다

미혼 여성을 대상으로 한 설문 조사에서 신랑감이 갖추어야 할 요건 가운데 상위를 차지한 것이 유머 감각이다. 유머는 사람을 가볍게 만드는 우스갯소리와 구별된다. 우리나라 사람들은 일반적으로 유머 감각이 없기로 유명하다. 경박해 보인다는 이유로 오랜 세월 동안 멀리하려 했기 때문이다.

일반적으로 유머 감각은 타고난 것이라고 한다. 그러나 유머 감각은 노력에 따라 충분히 계발이 가능한 것이기도 하다. 대화할 때 어떤 요소가 남을 즐겁게 하는지 꾸준히 관찰하고 머리에 저장해 놓아야 한다. 또 저장해 놓은 것을 실제 대화의 자리에서 써보아 청중의 반응이 어떤지를 살펴보아야 한다.

무슨 일이든 그렇지만 노력 없이 거저 얻어지는 것은 없다는 사실을 명심해야 한다. 이런 반복 연습이 이어질 때 비로소 유머 감각은 한 걸음 발전한다. 그러나 수많은 노력에도 당신이 유머 감각을 습득하지 못했다고 절망할 필요는 없다.

당신이 진실한 말을 하고 그때마다 다른 사람들이 정성껏 귀를 기울여준다면 당신은 유머 감각 없이도 훌륭하게 상대를 설득할 수가 있다. 유머에 집착한 나머지 말실수에 가까운 헛된 유머나 썰렁한 유머로 인해 당신 고유의 장점이 퇴색되어서는 안 된다.

CHAPTER 4

참된 말,
아름다운 말

말을 하면서 상대방을 살펴라

한번 말을 시작하면 상대방의 반응이 어떻든 간에 10분이고 20분
이고 자신의 말을 완전히 마쳐버리는 사람이 있다. 이것은 결국 말
의 낭비다. 상대의 표정에는 내 얘기에 관심이 있는지 어떤 부분에
특히 관심을 가지는지, 혹은 지루해하는지 등이 쉴 새 없이 나타난
다. 상대가 지루해할 때는 질문하거나, 발언의 기회를 넘겨 대화의
맥락이 끊어지지 않도록 해야 한다.

또 상대의 눈빛이 빛나며 관심을 가지는 부분은 좀 더 부연 설명을
해서 이야기의 본류를 그쪽으로 옮겨갈 필요가 있다. 따라서 중간
중간 상대의 표정을 살피며 대화를 어디로 끌고 갈 것인지 판단하
는 것은 매우 중요한 일이다.

정리의 기술이 발휘돼야 하는 대화

말이 길어지면 이야기는 딴 방향으로 흩어져 곁가지를 치게 마련이다. 결국 말의 중심은 사라지고 이 이야기 저 이야기 중구난방 각자 떠도는 이야기로 끝나버린다. 3명 이상 모여 대화할 때 이런 경우가 생긴다. 말하는 이는 한 명, 듣는 이는 두 명일 때 두 명이 경청해서 들을 때면 문제가 없으나 곁가지를 치고 들어올 때면 이야기는 산으로 갈 수도 있다. 그래서 어느 정도의 이야기가 진행되다 보면 주제에서 벗어나거나 지루해지고 만다. 그 사람이 말하려는 참된 주제가 무엇인지 모르게 된다. 이럴 때 3명 중 1명은 그간의 이야기를 요약해서 간단한 한두 마디의 말로 이야기를 정리해 줄 수 있어야 한다.

"그럼, 다음에 만날 때, 우리가 등산할 산행 코스를 정리해서 일정을 짜보는 것을 말씀하시는 건지요?"

"제가 미처 준비하지 못해서 오늘 말씀 못 드렸습니다. 말씀하신 대로 다음에 정리해서 오겠습니다."

이렇게 요약을 해주면 상대는 다시 방향을 잡아 제자리로 돌아온다. 게다가 상대는 이렇게 말을 해올 것이다.

"그렇습니다. 제가 말하려 했던 점이 바로 그것입니다."

이때 상대는 이야기를 잘 들어준 당신에게 고마움을 느낀다. 상대의 말을 잘 들어준 이점이 여기에 있다. 하지만 요약을 해준다며 상대의 말의 호흡을 끊어놓거나 자주 말의 허리를 끊는 것은 좋지 않다. 타이밍이 적절해야 하는데, 너무 잦으면 아부하는 것처럼 들리니 조심해야 한다.

긴급히 제안할 것이 있으면 이렇게 말하라

"이야기 도중 죄송하지만 지금 갑자기 아이디어가 떠올라서 그러는데 말을 해도 되겠습니까?"

이처럼 양해를 구한 다음 해야 한다. 물론 이때도 말을 중단한 사람은 기분이 좋을 리가 없다. 따라서 상대방의 말이 완전히 끝났다고 생각하기 전까지는 입을 열지 않는 것이 좋다.

대화의 중간에 끼어들거나 독점은 금물

대화는 말하는 사람과 듣는 사람이 서로 협력해서 한 발짝 한 발짝 앞으로 진행해 나가는 것이다. 따라서 어느 한 사람이 대화를 독점해서는 곤란하다.

여러 사람이 있는 자리에서 혼자서 말을 독차지하는 사람이 있다. 그런 사람들은 다른 사람들의 의견이 나올 때마다 '그건 말이죠.' 하면서 얼른 말을 가로채 자기 말을 늘어놓기 시작한다. 그는 또 당신이 무언가를 말하려 하면 이렇게 말할 것이다.

"아뇨, 그건 아니죠!"

이렇게 딱 잘라 부정해 버리고는 자기 생각만 주장한다. 이렇게 되면 사람들은 점점 기분이 나빠져서 도무지 입을 열지 않는다. 우리가 말을 하거나 말을 듣는 것은 상대방이 있기 때문이다. 상대방의 말을 번번이 부러뜨리려 든다면 아예 대화 자체를 하지 말자는 것과 다를 바가 없다. 남의 말을 들어줄 때 가장 어려운 것 중의 하나가 '나도 말하고 싶다'는 유혹을 이겨내는 것이다. 사람들은 듣기보다는 말하고 싶어서 안달하는 족속들임을 명심해야 한다.

남의 이야기를 듣는 와중에 갑자기 머릿속에 좋은 아이디어가 떠오르는 수가 있다. 그러면 상대가 말하는 와중에 불쑥 끼어들게 되는데, 상대의 말이 끝나기 전에 제안한 아이디어는 아무리 기발한 것이라도 좋은 것이 못 된다.

자신의 이야기를 3분 이상 하지 않는다

한 가지 이야기를 혼자서 할 수 있는 최대한의 시간은 3분이면 된다. 이것은 말의 속도에 따라 상관없이 지켜져야 할 시간이다. 3분이 넘으면 방금 한 사람의 이야기가 어떤 주제를 가지고 이야기를 했는지 혼동이 올 수가 있다. 즉, 이 시간이 넘으면 조금 전 무슨 이야기를 나누었는지 잘 기억하지 못하게 되는 것이다.

어떤 말이든 3분 이내에 간추리지 못할 이야기란 없다. 이처럼 짧은 시간 동안 이야기를 하는 것은 말의 낭비를 막고 말의 연비를 높인다.

말의 허리를 부러뜨리지 말라

사람들은 이야기하다 보면 자신이 한 이야기를 조금 후에 다시 하는 경우가 생긴다. 되풀이해서 말하는 것은 어떠한 경우라도 상대방을 짜증 나게 한다. 가령 책을 읽더라도 같은 이야기가 반복되면 미처 다 읽기도 전에 재빨리 다른 장으로 넘어간다.

듣는 사람 입장도 그다지 기분이 좋을 리가 없다. 이해력이 떨어진 나머지 두세 번 반복하는 것으로 오해를 할 수 있기 때문이다. 따라서 여하한 경우라도 같은 말, 혹은 비슷한 중복의 말은 피하는 것이 좋다.

하지만 이야기의 특성상 아까 한 말을 할 수 없이 반복해야 하는 경우가 있다. 이런 때에는 새로운 내용을 첨가해 앞에 한 말을 반복하는 것이 아니라는 느낌을 지니도록 해야 한다.

"가정만큼 소중한 것은 없단 말이다 알겠나? 가정은 신이 내린 가장 고귀한 선물이다."

여기에서 이해하지 못하는 상대에게 다시 한 번 반복할 필요가 있다. 그러나 같은 내용을 반복할 수가 없으니 다른 내용을 첨가해야 한다. 같은 뜻의 말이라도 변화가 있는 반복이라면 싫증을 내지 않게 된다.

논쟁은 힘써서 피하라

논쟁에서 진정으로 이기는 방법은 화제를 다른 곳으로 돌려 논쟁하지 않는 것이다. 논쟁이 계속되는 한 어느 한쪽이 이기기란 어렵다. 논쟁하려면 차라리 침묵하는 것이 좋다.

하지만 원치 않는 논쟁이 벌어졌을 때는 어떠한 때도 상대가 먼저 말을 하게 하라. 침착한 표정으로 상대의 말을 듣는 표정을 짓는 것이 중요하다. 상대의 말은 존귀하며 한마디라도 흘릴 것이 없다고 생각하는 것이다. 그러한 표정을 짓는 동안 상대는 논쟁에 대한 의욕이 꺾이며 그동안 당신은 화제를 돌릴 만한 적당한 말을 포착할 수 있다.

남을 가르치려 들지 말고 먼저 묻는다

상대가 모르는 분야를 계속 질문하는 것은 결례가 된다. 상대가 알 만한 범위 내에서 질문하는 것은 결례가 아니라 상대의 자존심을 세워주는 것이다.

가르쳐주는 입장이라고 가정해 보라. 누구라도 어깨가 으쓱해질 것이다. 따라서 당신이 논쟁의 현장에 있다면 상대에게 한수 지도해 주기보다는 모르는 것을 묻는다는 입장에서 자주 질문을 던져라. 그리하여 논쟁에서 승리하는 길을 택한다.

질문하고 상대편이 말을 마구 쏟아내도록 만들어 막다른 골목으로 몰아가는 것이다. 그리하여 상대의 입에서 당신의 뜻과 비슷한 이야기가 나오면 흔쾌히 동조해 버리는 것이다.

"맞습니다. 저도 조금 전 선생님이 하신 말씀과 똑같은 생각입니다."

이리하여 상대편의 만족감을 끌어내는 동시에 당신의 뜻을 관철한다. 이렇게만 된다면 시끄러운 논쟁을 일으키지 않고 승리하는 셈이다. 설사 상대방 입에서 당신이 기대한 말이 나오지 않더라도 실망할 필요는 없다. 상대방과의 논쟁을 피함으로써 다음번 기회를 노릴 수 있기 때문이다.

66

어떻습니까?

'예' '아니오'로 대답할 가능성이 많은 질문 끝에는 '어떻습니까?'라
는 질문을 달아둔다.
"점심은 어떤 음식으로 드셨습니까?"
"맛은 어떠했습니까?"
"가격은 적당했습니까?"
이렇게 물으면 상대는 '예' '아니오'가 아닌, 반드시 그에 합당한 대
답을 들려줄 의무감을 느낀다.

답이 간단한 질문은 피한다

쉬운 질문부터 한답시고 단순히 '예' '아니오'로 끝날 수 있는 질문을 하는 것은 좋지 않다.

"요리를 잘하시나요?"라고 물을 경우 '예' '아니오'라고 대답해버리면 재차 질문해야 하는 상황이 발생하기 때문이다. 이렇게 되면 다시 질문을 이어나가기에 맥이 빠진다. 같은 질문이라면 이렇게 해보는 것은 어떨까?

"요리를 잘하면 셰프로 대우를 받는데 어떤 요리를 좋아하세요?"

어떤 요리를 좋아하는지 대답하면서 어떤 요리를 할 수 있는지를 함께 말할 여지가 있다. 당연히 다음 질문으로 넘어갈 여러 요소를 포함하게 된다. '요리를 잘하느냐 못하느냐?'는 질문과 함께 선호 요리에 대한 취향까지 말할 수 있는 상황이 된다.

대화는 어떻게 하느냐에 따라 인간관계의 폭을 넓히거나 좁힐 수 있다. 이런 질문은 대답과 아울러 여러 가지 답변을 들려주고자 하는 의욕이 생긴다.

나의 존재를 확실히 하라

상대방을 받아들이는 데에만 그친다면 나의 존재는 사라진다. 자신이 존재하지 않는다면 인간관계도 아무 소용이 없다. 그러므로 상대방의 의견을 수용하면서도 자기주장을 잃지 말아야 한다. 수용과 의사 표현의 균형을 잃지 않도록 해야 한다.

반대는 관심의 표현으로 이해하라

당신의 의견에 누군가가 반대를 하는 것은 자연스러운 일이다. 사람들이 어떤 의견에 반대하는 것은 대체로 2가지 이유에서이다.

첫째, 그 의견이 자신에게 불리하게 작용할 것이라는 점이다.

둘째, 그 사람의 의견이 옳은 것은 분명하지만 쫓아가기에는 불편함이 따르기 때문이다.

자기의 의견이 누군가의 반대에 직면하면 위의 2가지 예에 비추어 어느 유형인가를 살핀다. 단지 살피는 것이 아니고 그에 대한 적절한 대안을 제시함으로써 반발을 해소할 수 있을 것이다. 누군가의 반대에 부딪힐 경우, 상대방의 이익을 챙기고 불편을 해소하는 대안을 제시함으로써 반대를 누그러뜨릴 수 있다.

반대 의견이 옳을 경우에는 어떤 피해의식이나 열등감을 갖지 말고, 그 의견을 따르는 지혜를 발휘해 볼 일이다. 또 그러기에는 다소 불편한 느낌이 들지라도 옳은 의견을 따르는 태도를 보이는 것이 바람직하다.

차선책이 최선책이다

협상에서 최선책이란 차선책을 의미한다. 상대의 이익과 나의 이익을 완벽하게 충족시켜주는 협상은 없다. 어떤 일을 밀고 나가기 힘이 들 때는 당신의 의견이 잘못된 것으로 생각해야 한다. 당신은 이때, 최대의 융통성과 분별력을 발휘해서 차선책을 제시해야 한다. 차선책을 제시하는 것이 지는 일 같으나 사실은 두 사람 모두를 승리하게 만드는 원동력이 된다. 협상의 귀재들은 항상 제2, 제3의 차선책을 준비해 두고 있다.

강적이라 여겨지면 잠시 공격을 멈춰라

당신이 의견을 제출했는데 상대의 반대가 강하면 계속해서 앞으로 나아갈 것이 아니라 잠시 하던 말을 멈추고 호흡을 가다듬어야 한다. 한번 반대를 했는데 계속해서 의견을 개진한다고 해서 상대의 반대 입장이 금방 찬성 쪽으로 돌아서지는 않는다. 또 반대하는 정도가 수그러드는 것도 아니다. 당신이 상대를 향해 강한 펀치를 뻗으면 상대 역시 더욱 강한 주먹을 날리려 들 것이다.

이런 때에는 아쉬우나 빨리 중립적 위치로 돌아서는 것이 좋다.

"좋습니다. 그 의견에 관해서는 미처 생각하지 못했습니다."

"생각해보니 그런 방법도 있었군요."

그러면서 상대의 흥분이 가라앉도록 기다린다. 잠시 시간을 두고 그가 안정을 되찾았다고 여겨지면 다시 한 번 당신의 의견을 개진해도 좋다.

"하지만 제가 지금까지 말씀드린 것은 제 입장에서 최선을 다해 연구한 것이므로 다른 반대 의견이 있더라도 다시 한 번 진지한 검토를 부탁드립니다."

"다시 한 번 생각해 보았는데, 아무래도 이 문제는 선생님께서 저를 도와주신다는 의미에서 결단을 내려주셔야 하겠습니다."

반대의 의견에 잠시 말을 멈추는 것은 상대의 강한 주먹에 실린 에너지를 스펀지로 흡수해 버리는 것과 같다. 하지만 재차 시도에서 여전히 반대의 강도가 수그러들지 않는다면 아쉬우나 다음 기회로 돌리거나 재빨리 차선책을 제시하지 않으면 안 된다.

'네'라고 대답할 수 있는 이야기부터 시작한다

상대방과 이야기를 나눌 때 의견이 상반되는 문제를 화제로 삼아서는 안 된다. 쌍방 모두의 의견이 일치되는 문제부터 꺼내 이야기를 진행해 나가야 한다.

'아니오'라는 부정의 말이 나오도록 하는 이야기는 나중에 하라. 상대방이 한번 '아니오'라고 부정하면 그 말을 다시 번복시키기란 어려운 일이다. 상대의 자존심이 허락하지 않기 때문이다.

한번 반대편으로 움직이기 시작한 상대를 되돌리려면 몇 배의 힘이 필요하다.

대세를 따르는 것도 효과적

여러 사람이 모인 곳에서 사람들이 당신의 이야기에 수긍하게 만들려면 계속해서 '네', '네' 하는 말대답이 나오도록 만들 필요가 있다.

"우리의 모임은 거창한 자선 모임은 아닙니다만, 형편이 닿는 대로 남을 돕자는 취지에서 만들어졌습니다. 안 그렇습니까?"

"그렇지요."

"우리는 지금까지 그러한 일을 잘 수행해 왔다고 자부합니다."

"하지만 이번 연말은 다른 연말과는 조금 다릅니다. 경기가 수년간 최악의 상태라고 해도 과언이 아닐 것입니다. 아마 여러분들도 상황은 썩 좋지 않으리라 생각합니다."

"따라서 이번 연말은 형편상 행사를 치르지 않고 그냥 넘어가자고 하는 사람도 계셨습니다. 하지만 우리가 언제 여유가 있어서 남을 돕자고 나섰던 것은 아니라고 봅니다."

"그렇죠."

"원래 우리는 형편이 여의치 못한 가운데서 십시일반으로 모아서 불우한 사람들을 돕자는 취지였으므로…."

한번 대세에 따르게 되면 '나는 그 안건에 반대한다'라는 말이 나올 수가 없다. 즉, 대세를 조장해서 자연스럽게 찬성의 분위기를 만들어간다. 인간은 그때그때 상황에 맞는 행동을 취하려고 한다. 두각을 나타내기 위해 반대를 위한 반대를 하는 경우도 있으나 자신의 의사에 다소 어긋나더라도 여러 사람이 찬동하면 대세에 따라가게 되어 있다. 혼자서 외톨이가 되지 않으려는 심리적인 욕구이다.

쑤군덕대면 눈총을 받는다

여러 사람이 모인 자리에서 두 사람이 귓속말을 주고받는 것은 다른 사람의 눈총을 받기에 딱 좋은 행위이다. 두 사람 간에 오고 간 귓속말이 아무리 정당한 내용이었다고 하더라도 보는 사람은 자신을 험담하는 것으로 오해를 할 수 있다.

명심해야 한다. 다른 사람이 이야기하는 도중 두 사람만의 얘기에 빠진다거나 하는 것은 다른 사람들의 미움을 고스란히 사는 행위이다. 두 사람만이 긴히 주고받아야 할 이야기가 있다면 잠시 주변 사람에게 양해를 구하고 자리를 다른 곳으로 옮겨야 한다. 또 정황상 피할 수 없는 자리라면 잠시 양해를 구하고 둘만의 이야기를 가장 빠른 시간 내에 끝내야 한다.

혼자서 중얼거리는 것도 불만을 토로하는 것으로 오해를 받을 수 있으므로 주의해야 한다.

추상적이거나 알지 못하는 내용은 말하지 말 것

잘난 체하고 싶다, 앞에 나서서 주목받고 싶다, 내가 이야기 주인 공이 되고 싶다, 이런 심리를 가진 이들이 의외로 많다. 이런 사람은 우선 목소리가 크다. 이때 목소리는 생기 있되, 낙천적인 성향을 띠 도록 해야 한다. 그리고 무거운 이야기보다 즐거운 이야기를 많이 해 서 좌중에게 웃음을 던지며 집중시킬 수 있어야 한다.

이런 부류의 사람이 어떤 주장을 내세우면 상당히 부담스럽다. 그 주장이 자신과 맞지 않을 때는 반대하기도 쉽지 않다. 그래서 이런 부류의 사람이 이야기 주도권을 잡았을 때는 부정적인 이야기는 하 지 말고, 말할 때는 정열적이며 진실하게 해야 한다.

추상적인 이야기로 뜬구름 잡는 모습을 보이거나 알지 못하는 내 용을 추측해서 말하지 않는 것은 기본이다. 널리 알려진 사실이나 지 식을 자신만 아는 것처럼 말하지 않는 것도 방법이다.

누구나 주목받는 삶을 살고 남 앞에서 잘난 모습을 비추고 싶지 만, 그것을 받아줄 상대는 없다. 이런 부류의 사람은 대화의 품격이 누구보다도 중요하다.

모든 사람을 내 편으로 만들 수는 없다

당신의 말과 행동이 아무리 신성하거나 고상하더라도 모두가 당신의 뜻에 동의하지는 않는다.

따라서 당신은 만나는 사람들이 모두 당신을 사랑하고 당신의 일을 칭찬하거나 견해를 같이했으면 하고 바라지 말아야 한다. 만일 당신을 지지해 줄 절반의 사람들만 얻을 수 있다면 설사 다른 절반이 당신을 비웃더라도 당신은 확실히 승리의 길에 들어선 것과 같다.

사람과의 친분을 드러내려고 하지 않는다

"김 선생님은 존경할 만한 분이죠. 저와 그분은 오랫동안 친분 관계를 유지해왔습니다."

어느 좌석에서 당신이 김 선생님과의 친분을 강조한다는 의미에서 이렇게 말했다가 상대의 표정이 순식간에 바뀌는 것을 목격하게 될 수도 있다.

당신과는 친한 김 선생이 상대에게는 고집 있는 고객이었거나, 괴롭히는 상사, 혹은 라이벌 관계일 수도 있기 때문이다. 따라서 처음 보는 상대 앞에서 제3자에 대한 지나친 칭찬은 자제해야 한다.

만약 상대가 김 선생과 격의 없이 지내는 관계라면 이렇게 생각할지도 모르기 때문이다.

"자기가 뭘 안다고 저런 이야기를 하지? 나만큼 김 선생에 대해 잘 아는 사람도 있었나?"

또 상대가 김 선생과 적대적인 관계라면 이렇게 생각한다.

"김 선생과 친하다고? 그렇다면 이 사람과도 사귀지 말아야 하겠구나."

대화의 상대를 완전히 알기 전에 험담하거나 지나친 칭찬은 자제해야 한다. 만약 제3자에 대해 칭찬할 것이 있다면 구체적인 사항에 대해 진심에서 우러나오는 칭찬이어야 한다. 마치 그 사람의 친분을 과시하는 듯한 지나친 칭찬은 칭찬의 대상까지도 격하시키는 역효과를 불러올 수 있다.

상대가 가르쳐주고 싶지 않은 단점을
간파하지 않는다

구태여 말하고 싶지 않은 상대의 정체에 대해 꼬치꼬치 캐묻거나 상대를 파악하려 하지 말라. 상대는 자신의 장점은 확대하고 싶은 반면, 자신의 단점에 관해서는 감추고 싶어 한다. 당신이 설사 상대의 정체를 알았다고 하더라도 그것을 말해서는 안 된다. 상대는 자신의 단점이 발각되었다는 사실만으로도 당신을 물어뜯고 싶어 할 것이다.

내 실수를 후벼 파는 사람을 도리어 칭찬한다

어떤 토론의 장이든, 의견 교환의 장이든 자신과 뜻이 맞지 않은 상대자가 있기 마련이다. 하지만 그 상대를 향해 날을 세울 필요는 없다.

사람 사는 세상에서 어찌 일이 항상 순리대로 풀리기만 할까. 내가 싫으면 상대도 싫고, 내가 좋으면 상대도 나를 좋아하고, 난 싫은데 상대가 나를 좋아하고 상대가 좋아하는데 내가 싫고, 이게 세상 사는 이치이다. 그래서 불협화음이 생길 때 조율하는 게 사람 사는 세상맛이다.

주제 토론을 하는 도중 유독 자신의 실수를 꼬집고 그 실수를 공표하는 사람들이 있다. 미운털이 박힌 이에게 향하는 보복이랄까. 그때 실수를 지적받은 나라면 어떤 대처를 해야 할까? 곧바로 대응하면 논쟁이 되고 분쟁이 될 소지가 많다. 아니면 잘못 대응했다가는 편협하다는 오해만 남긴다.

"맞아. 그 말이 옳네. 난 깨닫지 못한 사실인데 역시 넌 예리해."

이렇게 인정해 주고 도리어 칭찬해주면 자신을 공격하려 했던 상대방의 에너지까지 흡수해 냉랭한 분위기를 환기할 수 있다.

실전의 경험을 쌓아간다

실생활에서 이루어지는 대화는 매우 복잡하다. 따라서 말의 기술에 관한 책을 읽고 한두 가지의 이론만 알았다고 해서 당신이 화술의 달인이 되는 것은 아니다. 당신을 대하는 상대는 감정을 지닌 인간이며 기계적으로 듣고 말하는 로봇이 아니기 때문이다. 따라서 말하기 듣기는 많은 실전 훈련이 필요하다. 대화가 잘 진행된 경우에는 어떤 점이 좋았고 어떤 점이 나빴는지를 그때그때 체크해 두는 것이 중요하다. 잘 진행되었을 때는 어떤 점이 좋았으며 잘 진행되지 못한 경우에는 어떤 점이 나빴는지를 스스로 반성할 수 있어야 한다.

선택의 폭을 넓힐 때

"오늘 점심으로 피자 어떠세요? 아니면 파스타는 괜찮으세요?"

피자와 감자튀김, 파스타를 메뉴로 하는 곳에서 상대가 머뭇거릴 때 이런 의견을 던져본다. 그러면 상대는 피자든 파스타든 어떤 것을 먹어도 좋다. 왜냐하면 상대가 자신을 배려해 하나만 이야기하는 것이 아니고 하나를 지적하고 나서 다른 여지를 주는 접속어 '아니면'을 썼기 때문이다.

둘 중의 하나를 집어 이야기하지 않고 이것도 괜찮고 아니면 저것도 좋은데 2가지를 다 이야기하면 어쨌든 기분 나쁘지 않고 그 의견을 따른다.

이처럼 상대에게 무언가를 권할 때, 선택의 폭이 있음을 넌지시 알려주면 무엇을 선택해도 기분 나쁘지 않은 상황을 만들 것이다.

이런 상황에서 상대는 배려와 대우를 받고 있다는 느낌에 좋은 기분이 들 것이 틀림없다.

듣기는 양보와 같다

협상이나 분쟁을 해결할 때는 갑작스럽게 내 주장만 떠들어대서는 안 된다. 우선은 상대방의 주장을 차분히 들어주는 것이 현명하다. 들어준다는 것은 손해가 아니기 때문이다. 사람이 하고 싶은 이야기를 마음에 품고 있으면 남의 이야기가 귀에 잘 들어오지 않는다. 일단 상대가 먼저 이야기 보따리를 풀게 함으로써 마침내 당신이 하는 이야기가 원활하게 상대에게 가 닿을 수 있도록 만든다. 즉, 당신은 상대를 무장 해제시키는 것이다. 또 상대가 하는 이야기를 헤아려 들음으로써 상대가 지금 무슨 문제를 가지고 있는 것인지, 하고픈 말이 무엇인지, 상대의 목표를 알게 됨으로써 이쪽에서 시간을 벌어 적절한 대책을 마련할 수 있게 되는 것이다. 듣기는 양보와 같다. 양보를 통해 상대를 누그러뜨리고 상대가 자기에게 한 발짝 다가서도록 만들어야 한다.

대화의 중간에 끼어들 경우

대화하다 보면 중간에 끼어들지 않으면 안 되는 경우가 생긴다. 한 사람이 오랫동안 대화를 주도하며 좀체 말이 끝나지 않을 때, 이야기가 지루하게 이어지고 본질을 벗어날 때, 이때는 마냥 들어주는 것도 좋지 않다. 그때는 말의 허리를 자르지 말고 말이 일단락된 후 다음으로 넘어갈 때를 노려 끼어드는 것이 좋다.

"잠깐만요, 이야기가 이상한 방향으로 흐르는 건 아닌가요?"

"잠시, 제가 하고픈 말이 있습니다만….."

"실례가 되지 않는다면 좀 더 다른 각도에서 이야기를 진행해 가면 어떨까요?"

이렇게 일방적으로 이어지던 상대의 말을 제지할 필요가 있다.

그러나 상대의 말이 지나치게 늘어지거나 했던 이야기를 되풀이해도 밑도 끝도 없이 말의 허리를 자르고 끼어들지는 말 일이다.

말하던 상대는 머쓱해지기 마련이고 급기야 본의 아닌 오해를 할지도 모른다. 대화의 중간에 끼어들 때는 반드시 끼어든다는 신호를 먼저 보내야 한다. 그래야 상대가 덜 미안해하고 스스로 대화를 정리하게 될 것이다.

지루한 이야기가 지속될 때

다른 상황을 연상하게 해준다.
"그때 만약 이런 상황이었으면 어떻게 되었을까요?"
"혹시 다른 행동을 해보실 생각은 안 해보셨던가요?"
"그때 차라리 포기했으면 좀 더 상황이 나아졌을 텐데 아쉽군요."
이러한 질문을 던져줌으로써 질문에 따른 상상을 자연스럽게 머릿속에 그리게 만든다. 그럼으로써 말하는 사람과 듣는 사람이 동일한 생각을 떠올리며 지루한 화제에서 벗어나게 된다.
특별한 장면이나 상황을 상대방과 함께 생각하며 이야기한다는 것은 훨씬 재미있는 일이다.

이야기가 반복적으로 이어질 때

이런 때는 넌지시 한마디를 건네준다.

"지난번에도 그 말씀을 해주셔서 제가 재미있게 들은 것 같습니다."

"아, 그래요? 이거 죄송하게 되었습니다."

"아닙니다. 재미있는 이야기이니 다시 한 번 들려주시지요."

"어허, 그처럼 재미없는 이야기를 기억해주시다니…, 그럼 이야기 했던 부분은 생략하고 다음 이야기로 넘어가서…."

한번 들었던 이야기를 다시 들어줄 사람은 없다.

'한 번 더 들어주면 어디가 덧나나… 공연히 사람을 무안하게 만드는군.'

이렇게 생각할 사람도 있으나, 대부분은 자신의 이야기를 기억해 주어서 고맙다는 생각으로 서운한 감정을 상쇄할 수 있을 것이다. 그럼으로써 말하는 사람이나 듣는 사람이 다 같이 시간을 절약할 수 있을 뿐 아니라 다른 화제를 더 긴밀히 이야기할 기회가 생긴다. 문제는 그런 말을 할 때 어떤 표정을 짓느냐 하는 것이다. 퉁명스럽거나 찌푸린 표정을 지으면 상대에게 잘못을 지적하는 것처럼 들릴 수 있으니 조심해야 한다.

대화의 거리를 좁혀라

거리가 너무 멀면 안 된다. 팔을 뻗어 손가락 끝이 닿을 정도의 거리에서 상대와 대화하는 것이 좋다. 전문가들 사이에서는 이 거리를 친밀거리라고 해서 가장 적당한 거리로 삼는다.

사람은 사이가 벌어지면 대화의 거리도 멀어진다. 반면 상대와 친밀감을 유지하는 사이라면 자신도 모르게 거리가 가까워진다. 만약 어떤 사람과 대화할 때 그 사람과 떨어진 거리를 살펴보라. 그러면 그와의 관계가 얼마나 친밀한지 또 얼마나 친근한지를 알게 될 것이다. 너무 벌어져 있는 상태라면 그 상대에게 다가갈 수 있는 방도를 연구하지 않으면 안 될 것이다.

습관이 된 말을 조심하라

"저…."

"에…."

"일단은…."

"나 참…."

"그런데요…."

"사실은 말이죠."

따위의 말을 무의식적으로 반복하는 사람이 있다.

또 어떤 사람은 '제가 이런 말을 한번 해보겠습니다'라고 말을 시작하는 경우가 있다. 처음에는 무척 겸손하게 들려서 좋은 뜻으로 받아들일지 모르나 한 자리에서 같은 말을 여러 번 듣다 보면 점차 짜증스러워진다.

또 어떤 사람은 무슨 말을 하면 연신 고개를 끄덕이며 '맞아' '그렇지'라는 말만 반복한다.

이 또한 상대편에서 보면 좋지 못한 습관이다. 적절한 곳에서 고개를 끄덕이고 상대편의 말에 맞장구를 치는 것은 좋은 일이나 그것이 지루하게 반복되면, 저 사람은 나의 말에 수긍해서 그러는 것이 아니라 그저 습관일 뿐이라고 생각하기 때문이다. 또는 이래도 흥 저래도 흥 하는 줏대 없는 사람으로 보인다.

변명하지 않는다

어느 경우에서든 과실이 발견되었을 때 변명을 해서는 안 된다. 변명이란 자신의 잘못에 나름대로 이유가 있는 주장을 하는 것이다. 그러나 당신에게 어떤 정당한 이유가 있건 원칙적으로 변명을 하지 않는 것이 좋다. 만약에 상대방으로부터 이유를 설명하라는 요구가 있었을 때라도 변명을 하려 하지 말고 정중히 사과하고 사실을 설명해야 한다. 그러나 이 설명 속에서 당신의 해석을 포함하지 말고 있는 그대로를 말해야 한다.

상대방의 감정이 폭발하여 언성이 높아질 경우라도 당신은 변명하려 하거나 불만을 나타내지 말아야 한다. 단지 당신은 다시는 같은 실수를 범하지 않겠다고 다짐하는 것이 낫다.

흥분한 사람 앞에서는 목소리를 차분하게

대화가 무르익어 갈 때, 아니면 문제가 발생해서 해결할 상황을 찾으려 할 때, 이야기의 톤은 빨라지고 호흡이 가빠진다. 조용조용한 목소리로 소곤거리듯 이야기하는 사람들 앞에서는 큰 소리를 내거나 흥분한 톤으로 말할 수 없다. 그들처럼 조용한 목소리로 대화 분위기를 맞출 수밖에 없다.

반대로 상대가 큰 소리로 떠들거나 흥분된 목소리로 말하면 그들과 똑같이 큰 소리로 대화의 분위기를 맞추게 된다. 하지만 흥분되어 말하는 사람 앞에서는 차분하고 침착한 목소리로 이야기를 해야 한다. 왜냐하면 흥분한 사람은 침착한 사람을 이길 수 없기 때문이다.

자신은 흥분하여 목소리를 높이는데 상대는 전혀 화를 내지 않고 차분한 목소리로 대응해 온다면 어떨까? 분명 모멸스런 기분이 들 것이다. 차분한 목소리는 흥분한 목소리를 백번 누른다. 목소리 큰 사람이 이긴다는 것은 임시방편이다. 결국 승리의 몫은 차분하게 대응한 사람에게 돌아간다.

대화의 품격을 갖춘 이라면 다툼의 상황에서도 흥분하지 않고 침착하게 대응하는 자세를 갖춰 싸우지 않고도 이기는 전략을 구사할 줄 안다.

대화 중간에도 점검하라

대화하다 보면 곁가지로 새는 수가 있다. 따라서 대화는 중간중간 점검을 해야 할 필요가 있다.

1. 상대는 무엇을 말하려는 것인가?
2. 상대의 목적은 무엇인가?
3. 어째서 그런 말을 하는 것인가?
4. 상대가 말하고 싶어 하지 않는 부분은 무엇인가?
5. 감춰진 부분은 없는가?

아무 생각 없이 대화를 끌어나가기보다는 이렇게 스스로 자문자답해 보면서 대화를 끌어나가야 한다. 이래야만 대화의 효율성이 높아지고 팽팽한 탄력을 유지하며 서로의 목적을 이루어나가게 된다.

짧게 말하고 반응을 살핀다

명사회자를 자처하는 사람들의 특징은 지금 하는 이야기가 시청자들의 관심을 끌 것인가 그렇지 않을 것인가를 동물적으로 잡아내는 능력을 갖추고 있다. 그들이 그런 능력을 갖춘 것은 우연이 아니라 끊임없이 방청객의 표정을 머릿속에 떠올리고 이야기를 이어나가기 때문이다.

이들의 또 다른 특징 중 하나는 출연자들이 한 가지 주제에 대해 오랫동안 말을 하도록 내버려두지 않는다는 것이다. 그들은 시청자들이 흥미 있어할 이야기라면 말하는 도중에라도 추가 질문을 해서 집요하게 핵심으로 파고든다. 그러나 흥미를 잃을 만한 이야기가 나오면 재빨리 다른 질문을 해서 이야기를 다른 방향으로 넘기고 만다.

이러한 명사회자의 기술을 대화에서도 활용해야 한다. 상대방과 이야기를 하는 도중이라면 그때그때 듣는 사람의 관심도를 측정해야 한다. 따라서 상대의 표정을 살피지 않고 한 가지 이야기를 너무 오랫동안 하는 것은 상대를 방치한 채 벽을 보고 혼자 말하는 것과 같다. 상대의 관심도를 측정하라는 것은 상대의 눈치를 보는 것과 다르다.

흥미 없는 화제, 필요 없을 것 같은 대화는 짧게 하고 흥미 있는, 서로에게 유익한 화제로 대화의 장을 열어나가는 것이다.

대의명분을 이용한다

상대의 반대가 강하면 대의명분을 사용하라. 대의명분은 누구라도
거슬릴 수 없도록 만드는 마력을 가지고 있다. 아무리 반대의 의사
가 강하다 하더라도 대의명분이 있는 한 그 의견을 꺾기는 어렵다.
'나라와 국민을 위해' '세계 평화를 위해' '회사의 번영을 위해' '가족
의 화평을 위해' '부모님을 살펴드리기 위해' '나의 건강을 위해' 이
러한 대의명분이 있는 의견이라면 누구도 반대하기가 쉽지 않다.

반대되는 사안은 토의에 부쳐라

여러 사람이 이야기하는 도중 한 사람이 안건을 제출했다. 당신은 그 안건이 별로 마음에 들지 않는다. 그러나 당신이 반대한다고 말하기에는 상대의 반발이 거셀 것 같고, 그 사람을 설득할 뾰족한 대안도 마련되어 있지 않다. 이럴 때는 정면으로 나서서 반대하기보다는 우회하는 방법을 사용해야 한다. 넘어온 공을 직접 되넘기지 않고 다른 사람에게 넘겨줄지 말지를 물어보는 것이다.

"이 문제는 매우 중대한 사안으로 지금 당장 결정을 짓는 것은 그 중대성에 비추어 졸속으로 처리될 가능성이 있습니다. 좀 더 시간을 두고 진지하게 토의를 해보는 것이 어떨까 합니다."

이렇게 되면 안건을 제안한 사람도 여러 사람을 설득하는 부담이 있으므로 자신의 제안을 강하게 밀어붙이지 못한다.

당신이 정면으로 반대해서 상대의 거센 반발을 불러오리라 예상이 된다면 이처럼 우회하는 방법을 사용할 수 있어야 한다. 꼭 반대해야 할 사항이라면 이렇게 시간을 벌어 그동안 우세한 반대 논리를 준비하는 것이다. 언성을 높여 반대해서 상대에게 승리의 월계관을 씌워주기보다는 이렇게 다른 사람의 의견을 묻는 형식으로 상대의 반발을 어느 정도 무마할 수 있다.

CHAPTER 5

말의 품격

쾌활함을 보이고 싶으면 어떻게 할 것인가

어깨와 배에 힘을 주고 성격이 명랑한 듯이 행동하고 말하는 것이다. 당신이 용기 있는 사람처럼 보이기 위해서는 정말 용맹한 것처럼 행동하는 것이 중요하다. 당신이 열정적인 사람이라는 것을 보여주기 위해서는 정신적인 의지와 힘을 최대한 발휘해야 한다. 당신이 노력할수록 사람을 상대하는 두려움과 공포는 손쉽게 물리칠 수 있을 것이다.

사람들을 처음 만날 때 첫인상을 각인시킨다

　최초의 대면은 인간관계의 시발점이다. 첫인상이 좋으면 그다음부터는 상대를 대하기가 한결 쉬워진다. 사람의 기억력은 이상해서 처음에 받아들여진 것은 거의 영구적으로 보관하려는 경향이 있다. 이것은 달리 말하면 상대에게 받는 첫인상이 반영구적인 편견을 심어놓는다는 뜻이다.

　처음의 대화가 잘 풀려나가면 다시 만나고 싶어진다. 그러나 첫인상이 좋지 않으면 두 번 다시 만나고 싶지 않은 것이 인간이다. 첫 만남에서 중요한 것은 상대의 용모, 복장, 태도와 말이다.

　누구를 방문할 때는 단정한 복장은 말할 것도 없고, 처음 상대가 당신을 바라보는 순간, 마음을 끌어당기는 듯 밝은 표정, 분명한 걸음걸이로 상대에게 접근해야 한다. 그리고 바른 자세로 쾌활하게 상대를 대해야 한다.

　처음 대하는 상대는 먼저 당신이 그 사람에게 득이 될 사람인지 해가 될 사람인지를 살필 것이다. 또 그는 마음 한구석 긴장감을 가지고 방어태세를 취할 것이다. 마치 상대편의 힘의 정도를 측정하는 권투 선수처럼 잽을 던져 당신을 떠보려 할 것이다. 이런 때 당신은 아무리 말솜씨가 능하다 해도 일단은 상대의 마음을 풀어놓지 않으면 안 된다. 당신은 상대의 방어적인 마음을 풀어주고 자신이 경계하지 않아도 될 대상이라는 점을 바르게 인식시켜주어야 한다.

　그것은 단정한 복장, 깨끗한 용모, 그리고 예의와 친절함이 어우러졌을 때 가능한 일이다.

상대를 완전히 알지 않고는 방문을 노크하지 않는다

상대방을 완전히 알지 않고는 그 사람의 방문을 노크하지 말라는 말이 있다.

상대방은 어떤 사람인가?

어떤 의견을 가진 사람이고 어떤 일에 관심을 가진 사람인가?

이런 정보들을 사전에 파악해두지 않으면 대화의 목적을 이룰 수가 없게 된다.

만약 상대방에 대한 상당한 정보를 가지고 있다면 어떤 방식으로 대화를 이끌어갈지, 어떤 화제가 유용할지 등에 대해서 계획이 설 수 있을 것이다.

대화 상대자를 분석하라

누군가를 만나 대화를 나누어야 한다면 다음과 같은 사항 정도는 마음속에 정리하여 두어야 한다.

- 저 사람은 어떤 사람인가?
- 아는 사람인가, 모르는 사람인가?
- 나에게 관심이 있는가, 아니면 그렇지 않은가?
- 성격은 온유한 사람인가, 과격한 사람인가?
- 행동파인가, 생각이 많은 사람인가?
- 주된 관심 대상은 무엇인가?
- 그와 나눌 대화 주제에 대해서 그는 찬성인가, 반대인가?

이것은 상대의 입장을 존중하고 상대의 기분에 거슬리지 않는 대화 분위기를 조성하는 것이다. 이처럼 하는 것을 번거롭게 여겨서는 안 된다. 당신을 이롭게 만드는 최소한의 투자라고 생각해야 한다.

가급적 쉽게 대화를 풀어간다

상대가 현학적으로 느껴지도록 어려운 용어나 말을 일부러 사용해서는 안 된다. 아무리 쉬운 말을 사용해도 자신의 의사가 100% 상대에게 전달되었다고 보기는 어렵다. 그러므로 지나치게 어려운 용어를 사용하면 상대가 거부감을 느끼게 하며 대화의 목적을 방해받는다.

그러므로 되도록 쉬운 말로써 상대에게 제대로 전달되었는지를 확인하며 이야기를 전개해 나가야 한다. 자기 이야기가 잘못 전해지면 아무 의미가 없으므로 상대가 잘 알아듣도록 해야 한다.

마음의 문을 여는 부드러운 첫마디

첫마디를 본론부터 시작하는 것은 좋지 않다. 본론으로 들어가지 말고 주변 이야기로 시작한다. 이럴 때를 대비해서 상대의 가족관계, 취미, 요즘 진행하는 일 등의 사전 정보를 입수해 두는 것이 좋다.

정보가 없으면 요즘 화제가 되는 이야기부터 시작하라. 화제는 어떤 것이든 좋다. 사무실을 나와 그 사람을 만나러 가기까지 길거리에서 생긴 일도 생생한 화제가 될 수 있다.

사람과의 만남에서 가깝게 느껴질 대화를 내세워 거리감을 좁히는 것이 다음 화제를 이어갈 바탕이 된다. 그러나 정치와 종교에 관해서는 상대와 확실히 같은 생각이 아닌 한 화제로 올리지 않는 것이 좋다. 서로 대립할 가능성이 크기 때문이다.

일단 첫마디를 부드럽게 시작하고 상대가 말문을 열면 그 말을 잘 이끌어 본론으로 들어간다. 말의 시작을 어렵게 생각하지 말라. 자연스럽고 온화한 태도로 상대를 향해 구체적으로 어떤 사건이나 사물을 설명한다고 생각하면 된다.

말하기와 듣기의 비율

듣기는 상대를 이해하기 위한 길이요, 말하기는 남에게 나를 이해 받기 위한 수단이다. 대화를 세련되게 하는 사람은 듣기를 6 말하 기를 4의 비율로 한다고 한다. 그러나 상대를 신나게 하기 위해서 는 7 대 3의 비율이 더 효과적일 수 있다.

하지만 이러한 것들은 어디까지나 도식적인 구분일 뿐이지 공식처 럼 정해진 것은 아니다. 대화는 자연스럽게 이어지는 것이 최상이 다. 듣고 말하기가 자연스럽게 어우러진다면 대화는 생동감이 넘치 고 즐겁게 된다.

말이 많으면 실언하기 쉽다

　말이 많은 사람일수록 남의 이야기를 듣지 않고 자기 이야기 위주로만 풀어간다. 그러니 자기 이야기는 줄이고 상대의 이야기에 귀 기울이는 사람이 환영받는 것은 당연하다. 조용한 자세로 상대에게 귀 기울이는 것이야말로 상대에게 관심을 나타내는 최대의 표현이다.

　상대의 말을 귀담아듣되 간간이 말을 주고받아야 한다. 대화란 오가는 것이지 일방적으로 한쪽으로 흐르는 것은 흥미가 없다. 중요한 것은 상대보다 말이 많아서는 바람직하지 않다는 것이다.

　말이 많으면 자신도 모르게 내가 가진 비밀이 새어 나간다. 상대의 말을 듣지 못함으로써 상대가 가진 귀중한 정보를 얻어내지 못한다.

　반대로 열심히 들으면 우선 상대의 호감을 얻어낼 수 있다. 그리고 상대의 여러 가지 정보를 얻어낼 수 있다. 상대의 말에서 얻어낼 수 있는 것을 최대한 얻어낼 수 있어야 한다.

　먼저 말을 많이 하는 것보다 남의 말에 귀 기울이는 것이 대화의 장에서는 실수를 줄이는 일이다. 말을 많이 하게 될 때 실언을 자주 할 수 있다는 사실을 잊지 말자.

상대는 나를 좋아하기에 말을 하는 것이다

상대가 나보다 더 많이 말하는 것은 그만큼 나에 대해 관심과 흥미가 많다는 것으로 생각하고 진득하게 들어주는 상황을 갖춰라. 나에게 호감이 없었다면 상대는 아마도 일찌감치 자리를 털고 일어나 시야에서 사라졌을 것이다.

돈을 아끼듯 말을 아껴라

한번 한 실언, 한번 잘못 뱉은 말은 원상 복구가 되지 않는다. 오늘 한 사람을 실망하게 만드는 말을 했다면 간곡한 사과로 무마될 수는 있다. 그러나 그 사람의 마음속에 남겨진 상처의 흔적은 영원히 없어지지 않고 간직한다.

만약 우리가 대인관계를 돈으로 환산할 수 있는 것이라면 말을 줄임으로써 막대한 손해를 줄일 수 있을 것이다.

실언을 줄이려면 말을 적게 해야 한다. 말을 전혀 안 하고 살 수는 없으니 되도록 말을 줄이는 것이 자신에게 유리하다.

이 사회에 돈이 많아지면 돈의 가치가 떨어지듯이 말이 많으면 말의 가치가 떨어질 수밖에 없다. 말을 줄이는 방법 가운데 하나는 자신의 머릿속에 여과지를 설치하는 것이다. 그래서 금방 입 밖으로 튀어 나갈 말을 머릿속에서 한번 걸러 입으로 전달하게끔 반복적인 훈련을 하는 것이다.

말이 없어 과묵한 사람으로 치부되는 것은 문제이지만, 당신의 말 한마디 한마디에 진실이 담겨 있고 무게가 있다면 누구나 당신의 말을 즐겁게 경청하려 들 것이다.

처음에는 이와 같은 훈련 때문에 말이 지나치게 무겁고 부자연스러울 수 있으나 반복적인 훈련의 결과에 따라 점점 자연스러운 말이 된다.

상대의 관심을 먼저 파악하기

상대의 관심사를 알아두었다가 그에 관련된 말을 해주면 좋다. 사람
은 자신의 관심 대상에 대해 말을 해주면 신나하고 크게 감격한다.
상대방에게 호감을 지니고 어떤 관심사를 가졌는지 끊임없이 살펴
주는 배려가 있어야 좋은 한마디가 나오고 상대방의 마음도 활짝
열린다.

간단한 인사말에 정감을 넣자

용건만 간단히 말하고 끝나는 사람은 어딘가 냉랭하다는 느낌을 지울 수가 없다. 인사말에 한마디를 덧붙여두자. 덧붙이는 말이라고 해서 거창할 필요는 없다. 즉흥적으로 보이는 물체, 혹은 그때 그 상황에서 떠오르는 한마디면 족하다.

"그동안 안녕하셨지요?"라고 말하기보다는 "날씨가 차가워졌습니다. 요즘엔 코로나19 때문에 많이 걱정됩니다. 감기 조심하셔야 하겠습니다."

"잘 오셨습니다. 반갑습니다." 대신 "가까운 거리도 아닌데 오시느라고 수고 많으셨습니다. 차가 밀리지 않던가요?"

사람의 심리는 언제 어디서나 자신이 존귀한 존재로 인정받고 싶어 한다는 점이다. 이처럼 상대를 걱정해주는 말은 상대에게 강한 인상을 심어준다.

"당신에 관한 것은 언제나 마음에 담아두고 있습니다. 당신에게 이익이 되도록 늘 신경을 쓰겠습니다."

이런 점을 상대에게 인식시킨다. 즉, 자기를 나타내는 것이 아니라 상대의 안위나 이익을 늘 염려하고 있다는 인상을 준다.

'못한다'고 말할 수 있는 용기

대부분의 일에 대해서는 좋은 말로 대한다. 그러나 상대가 기대하는 부분이 당신의 능력과 완전히 어긋날 때는 변명이 되지 않게 '못한다'라고 말할 용기도 가져야 한다. 그 말은 한순간 당신과 상대의 관계를 냉랭하게 만들 수는 있지만 두 사람의 관계를 저주와 파멸로 몰아가지는 않을 것이다.

기대감이 실망으로 바뀌지 않게 하라

사람들을 존중해 주고 친절하게 대해 주는 것은 대화의 기본 원칙이다. 하지만 상대가 당신을 향해 너무 큰 기대를 하지 않도록 절제있는 친절을 보여야 한다.

대개 사람은 상대가 자신에게 더 잘해 주기를 바라는 어린아이와 같은 특성을 가진다. 그러다가 만약 조금이라도 기대에 어긋나는 일이 보인다면 그는 곧 실망으로 돌아선다. 그 실망의 정도가 커지면 드디어 상대는 화를 내게 된다. 그것은 자신의 기대치가 무너졌다는 절망감의 표현이다.

이럴 때 중요한 것은 당신 스스로 자신에게 묻고 답하는 것이다.

상대에게 기대감을 지니게 한 것은 무엇인지, 또 당신도 상대에게 어떤 기대감을 지녔는지를 물어보는 것이다. 만약 상대에게 너무 많은 기대를 지녔다면 실망을 하기 전에 올바른 기준의 상태로 재빨리 돌아와야 한다.

만약 상대에게 기대감을 지니고 있다면 머뭇거리지 말고 그 기대감을 표시해야 한다. 분명한 기대치를 표명해야 대화가 보다 원활해지고 서로에게 가지는 오해와 추측이 사라진다.

질문의 방법

상대의 비밀을 알려고 해서는 안 된다.
상대가 대답하지 않을 것이라 확신하는 질문은 하지 않는다.
상대를 추궁하는 듯한 인상을 주어서는 안 된다.
상대에게 반대를 뜻하는 질문은 삼간다.
자신을 향한 질문보다 상대를 향한 질문에 많이 치중한다.

질문할 때 유의사항
그 사람을 비난하는 듯한 인상을 주어서는 안 된다.
상대가 수치를 느끼는 내용이어서도 안 된다.

듣기 위한 분위기를 만들고 질문을 한다

무작정 상대의 말을 듣기 위한 분위기를 만들었다고 해서, 상대가 이야기를 시작할 수 있는 것은 아니다. 말이란 것은 적당한 화제가 주어져야 그 말에 맞추어 자연스럽게 시작될 수 있는 것이므로 우선 상대방이 내가 만든 무대 위로 올라갈 수 있도록 자연스럽게 이끌어 주는 것이 중요하다.

듣기를 잘한다는 것은 한마디도 안 하고 상대의 말에 고개를 끄떡인다는 것이 아니라, 나보다 상대가 더 많은 말을 할 수 있게 자연스러운 분위기를 만들어줄 수 있고, 내가 상대의 말에 집중한다는 것을 보여줌으로써 상대에게 말하는 즐거움을 느낄 수 있게 해주는 것이다.

"어릴 때 꿈이 무엇이었습니까?"

"나 어릴 때 꿈? 훌륭한 의사가 되는 것이었지."

이렇게 이야기가 시작되었다면, 어째서 그 꿈을 이루지 못했는지 물어보는 것이다. 그렇다면 상대는 오래도록 가슴 안에 쌓아두었던 자신의 이야기를 내뱉기 시작할 것이다.

상대방 실수를 지적하지 말라

"당신의 말은 틀린 것 같습니다. 이제부터 그 이유를 말해 보겠습니다."

이렇게 말하는 것은 나는 '당신보다 똑똑한 사람이다'라고 말하는 것과 같다.

"당신은 나의 말을 잠자코 듣고만 있으시오." 이렇게 말한다면 가만히 듣고만 있을 사람은 없다.

상대가 모르는 것은 나도 몰라야 한다

상대가 아무리 자신보다 못한 처지에 있는 사람이라 하더라도 당신은 우쭐대는 말을 해서는 안 된다. 그 한마디로 인해 당신의 이미지에 금이 갈 뿐 아니라 상대에게 상처를 줄 수 있다. 우리는 어떠한 경우라도 말로써 상대를 당황케 하거나 상처를 주는 일은 피해야 한다.

"잘 이해를 못 하는 것 같은데….."

"저희와 같은 입장이 되어보면 아실 겁니다."

"아니, 아직도 그걸 모른단 말씀이세요?"

"이 물건의 사용법도 모르세요?"

상대가 이해하지 못하는 부분은 자세하게 설명을 해주면 된다. 또 굳이 가르쳐주지 않아도 되는 것은 모른 척하고 있으면 그만이다. 그러함에도 공연히 아는 척을 해서 상대에게 상처를 주고 일을 그르치는 경우가 우리 주위에는 허다하다.

상대의 잘못된 말, 맞춤법이 틀린 말도 그냥 듣고 넘겨라. 그 자리에서 아는 척 상대의 잘못을 지적해 주는 것은 옳지 않다.

현명한 사람은 상대의 잘못을 모른 척해 주는 사람이다.

상대가 내 말에 관심을 나타내는 징후

상대가 당신의 말에 관심을 보이기 시작했다는 것은 여러 군데에서 징표가 나타난다.
그 가운데 하나는 궁금한 점을 질문한다든가, 그 문제를 더 알고 싶은 느낌을 말해 오는 것이다. 그러한 반응이 나타나면 대화를 이끌어나가기가 쉬워지고 대화의 목적을 달성할 가능성이 커진다.

상대방의 자랑을 들어주는 사람이 되어야 한다

　사람이란 자랑하기를 좋아한다. 누구나 남에게 자랑하고 싶은 사연 한두 가지는 가지고 있다.

　그러므로 상대가 자기 자랑을 늘어놓을 때는, "아, 그러세요? 부럽습니다." "좋으시겠네요"라고 가볍게 맞장구치며, 상대가 자랑하고자 하는 내용을 살려주는 마음가짐을 가질 수 있어야 한다.

　내 마음이 내키는 대로, 생각하는 대로 행동하게 되면 상대와의 관계는 더 진척되지 않는다. 상대가 자랑할 때는 역지사지(易地思之)라고 생각해 상대의 이야기에 공감해주는 법을 익혀라. 그것이 인간관계를 넓히는 또 하나의 전술이다.

　설령 상대가 재미없는 이야기를 하더라도 고개를 옆으로 돌리거나 하지 않는다. 재미없고 관심도 없다고 바닥을 내려다보거나 딴전을 피우면 말하는 사람은 곤혹이다. 조금 더 재미있는 이야기를 하려고 애를 써보지만 초조해하면 할수록 수렁으로 빠져들 수밖에 없다. 듣는 것도 일종의 표현이며 기술이다. 조금만 상대에게 애정을 가지고 이야기를 경청하면서 맞장구를 쳐준다면 얼마든지 이야기를 재미있는 방향으로 이끌 수가 있다.

　기왕에 들어야 하는 말이라면 관심을 가지고 열심히 듣겠다는 자세를 가져야 한다. 그것이 자기 자랑이고 자기 칭찬이며, 아무리 지겨운 이야기라도 좋은 부분은 있게 마련이다. 거기서부터 대화의 실마리를 찾아 이야기를 주고받는다면 자연스럽게 대화가 이어질 수 있다.

설득하려는 자세를 버린다

사람은 보통 자신을 설득하려고 하는 남의 말에 귀 기울이고 싶어 하지 않는다. 어떤 사람의 경우 누가 설득을 하려 하면 그대로 따르기가 자존심이 상해 오히려 정반대의 행동을 하는 경우까지 생긴다. 설득을 당한다는 것은 자신의 성격, 가치관 등을 단번에 고쳐야 하는 것으로 여러 가지 충격이 뒤따르기 때문이다.

설득은 명령이 아니다

"이렇게 해"가 아니라 "이렇게 하면 어떻습니까?"라는 것을 기억해야 한다. 이야기를 진행하면서 상대의 생각을 묻고, 함께 대안을 모색하기 위해 노력하는 자세가 설득에서는 중요하다.

"나는 이렇게 하는 것이 좋다고 생각합니다", "이렇게 하는 편이 자네에게 더 좋지 않을까?" 등의 말로써 상대의 마음을 움직여야 한다. 무엇보다 상대방이 자발적으로 내 의견에 동참하는 것이 합리적인 설득이 된다.

"이 일을 자네 아니면 또 누가 하겠는가?", "내가 믿을 사람이 자네 말고 또 누가 있겠는가"라는 표현을 사용하면 상대는 책임감을 느끼게 된다.

상대가 일에 책임감을 느끼기 시작하면 그것은 반은 설득된 것이다. 이야기하면서 상대의 중요성을 끊임없이 이야기하고 드러나게 해준다.

또 비록 입에 발린 소리라도, 듣기 좋은 소리를 싫어할 사람은 없다. 상대를 기분 좋게 하는 말로 상대의 이성을 무마시킨 다음, "내가 당신이 아니면 누구한테 도움을 청하겠나?"라며, 상대방의 감성을 극대화하는 것이 설득을 위한 심리의 기본 바탕이 된다.

잊힌 존재가 되지 말라

말이 많은 사람보다 약간 과묵해 보이는 사람의 말이 더 신빙성 있어 보인다. 말이 많아야 말을 잘하는 것은 아니다. 필요한 말을 얼마나 적재적소에 하느냐 하는 것이 말을 잘하는 기준이 될 수 있다. 그러나 말이 적은 것이 좋다 하여 사람들 가운데 완전히 잊힌 존재가 되어서는 안 된다.

잊힌 존재가 되지 않으려면 말하라

말이 없는 것은 과묵하다고 인정되어 좋게 받아들여질 수도 있으나, 때로 상대방을 혼란스럽게 만든다. 자신의 말을 이해하는지, 승낙한다는 것인지 반대한다는 것인지 몰라 상대는 갈피를 잡지 못하기 때문이다.

습관적으로 침묵하는 사람이 있는데 이는 상대가 자기 생각이나 감정 등을 훔쳐보아서 자신을 나무랄지 모른다고 생각하기 때문이다. 이런 성향의 사람들은 이 때문에 입을 굳게 닫고 자신만의 세계로 숨어들어 가버리고, 사소한 문제라도 입을 꽉 다물고 누구에게도 말하지 않는다.

하지만 당신은 당신이 매우 귀중한 존재이며 사려 깊은 사람임을 상대에게 알릴 필요가 있다. 따라서 당신은 침묵을 지킬 것이 아니라 적당한 시기에 용기를 가지고 입을 열어야 한다. 속으로는 재미있는 이야기가 있다면 쑥스러워하지 말고 지금 당장 말을 해야 한다.

대단한 사람이 맞은편 의자에 앉았더라도 그 지위나 명성에 주눅이 들 필요는 전혀 없다. 상대방도 당신처럼 장단점을 가진 평범한 인간이라는 점을 상기시킬 필요가 있다. 자신이 표현하지 않으면 상대는 당신을 자신이 없고 자기표현을 할 줄 모르는 사람이라고 깔보게 될지 모른다.

함께 이야기하면 즐거운 사람이 되어라

어느 모임에 가거나 그 사람이 참석하면 기분이 좋은 경우가 있다. 필경 그런 사람은 상대의 말을 잘 들어주는 사람이기가 쉽다. 사람들은 그런 사람의 곁에 앉고 싶어 한다. 그런 사람은 이야기에 동참해서 함께 웃어주고 함께 슬퍼해 준다.

"저 사람에게는 말하고 싶지 않아."

"저 사람은 내가 말을 해도 결코 알아듣지 못할 거야."

이렇게 판단되는 사람이라면 대단히 슬픈 일이 아닐 수 없다.

말로써 스트레스를 풀게 하라

상대의 마음속에 있는 불안함, 우울감이 없어지지 않는 한 당신은 올바른 대화를 할 수가 없다. 따라서 당신은 우울해 있는 상대의 기분을 북돋워줄 의무가 있다. 상대의 기분이 좋아지면 대화가 원활히 진행된다. 덩달아 당신의 기분도 상당히 고조된다.

사람들은 속에 있는 우울을 솔직하게 털어놓게 되면 스트레스가 풀린다. 여기에다 상대로부터 '기운을 내세요', '당신은 이 위기를 슬기롭게 잘 극복할 수 있을 겁니다' 등 위로의 말을 들으면 한결 기분이 좋아지고 의욕이 생겨난다.

따라서 지금 불안하거나 스스로 결함이 있다고 느끼는 사람들 앞에서는 그러한 문제를 털어놓을 수 있도록 편안한 대화 상대가 되어주어야 한다. 상대가 저절로 많은 것들을 털어놓도록 만들 수 있어야한다.

가슴을 억누르고 있던 말을 모두 쏟아내고 나면 누구든지 마음은 훨씬 가벼워지고 스트레스가 풀리게 된다. 상대에게 웅어리져 있는 마음을 엿보거나 하고 싶은 말이 많아 보일 때면 그 자리에서 상대에게 말을 하게 함으로써 스트레스를 풀어주는 아량을 보이는 것도 대화를 잘하는 사람의 품격이다.

나도 말하고 싶다는 유혹을 견뎌라

남의 말을 들어줄 때 가장 어려운 것 중의 하나가 '나도 말하고 싶다'는 유혹을 이겨내는 것이다. 사람들은 듣기보다 말하고 싶어서 안달하는 경우가 더 많다.

'그건 말이죠'라고 끼어들려는 순간 당신은 브레이크를 밟아 스스로 멈출 수 있어야 한다. 상대가 이야기하는 것을 기다리지 못하고 중간에 끼어드는 것은 자기 이야기가 더 재미있으며 더 훌륭하다고 생각하기 때문이다. 그러나 상대방도 자신의 이야기가 더 재미있다고 생각한다는 점을 잊지 말아야 한다.

중요한 이야기는 마지막에 나온다

"아, 그래서, 어떻게 됐어? 답답하니 얼른 말해봐."

상대가 말하는 도중에, 말을 가로채고 상대의 이야기를 재촉한다거나, 상대가 하는 내용이 너무 뻔하다고 생각하고 상대의 이야기에 집중하지 못하면 다른 사람과 이야기할 자격이 없다.

이야기에는 순서가 있다. 처음에는 분위기를 다잡아 놓고 중간에는 이야기의 목적을 말하고 마지막에는 그간의 얘기를 정리하고 다 함께 어떻게 행동에 나서야 할 것인지 결론을 낸다. 따라서 어떤 사람의 이야기이든지 마지막까지 듣지 않고는 다 들었다고 할 수 없다. 하지만 성미가 급한 사람이나, 말하기를 좋아하는 사람들은 남의 이야기를 듣기도 전에 결론을 묻는 경우가 있다.

"그래서 어떻다는 겁니까? 이렇게 하자는 겁니까? 저렇게 하자는 겁니까?"

대단히 바쁜 경우가 아니라면 이런 말은 하지 말아야 한다. 한 사람의 말은 아무리 길어도 1~2분이면 족하다. 다른 중요한 일이 1~2분 사이에 진행되어야 한다면 모르겠거니와 그렇지 않다면 상대의 결론까지 들어주는 것이 원칙이다.

게다가 "아, 그러니까 이러한 말씀이로군요" 하고 상대의 말을 요약해준다면 상대는 더없이 고마워할 것이다. 불과 1~2분 사이에 우리는 적을 만들기도 하고 우군을 만들기도 한다. 상대가 말하는 내용이 비록 뻔한 내용이라도 인내심을 가지고 상대의 이야기를 들어주면 신뢰를 쌓고 자신의 가치가 절로 높아진다.

한 가지 사실에 감상을 곁들인다

상대의 이가 하얗고 가지런하다면 "당신의 이가 가지런하고 하얗습니다"라고 말해도 좋다. "이가 가지런하고 하얀 걸 보니 당신은 부지런하고 자기 관리에 철저하신 성격인가 봅니다"라고 말하면 더욱 좋다.

"철저하기는요. 부모님들에게서 이만큼은 철저히 닦도록 교육받은 덕분이지요. 왜지 아세요? 우리 부모님들이 충치 때문에 많은 고생을 하셨거든요."

이처럼 감상을 곁들이면 화제를 자연스럽게 이어가기 편하고 상대를 더욱 칭찬하는 뜻이 된다.

무뚝뚝한 상대에게는 문답법을 실시한다

상대가 대답할 수 있는 질문을 먼저 던져주는 것이 필요할 때가 있다. 말수가 적은 사람이나 지나치게 무뚝뚝한 사람과 이야기를 하는 데 있어 좋은 방법은 질문을 먼저 하는 것이다.

대신 질문할 때는 상대가 대답하기 쉬운 것으로, 간결하게 질문해야 한다. 한꺼번에 너무 많은 질문을 하거나 지나치게 복잡한 것을 묻는 것은 오히려 상대방을 더욱 혼란스럽게 만들 수 있으므로 여유를 가지고 천천히 질문하는 것이 좋다.

그냥 '예' '아니요' 등의 답변이 나와도 좋다. 무뚝뚝한 상대는 차라리 그런 답변이 더 편하다. 그러다가 말을 거는 쪽에서 상대가 하고 싶은 이야기를 찾아내어 질문을 던지면 금상첨화.

이야기란 그날그날 상대의 감정에 따라 충분히 달라진다. 상대의 기분을 알아차리고 그에 맞는 화제를 배려해 준다면 더 좋다. 상대의 섬세한 감정 부분까지 살펴가며 이야기하고 작은 일이라도 상대의 심중을 헤아려 상황에 맞는 적절한 화제를 던지는 대화 품격을 지닌다.

편견을 갖지 않는다

당신은 설득이든 협상이든, 혹은 가벼운 농담이라도 상대가 내 말에 고개를 끄덕거리도록 만들어야 한다. 그러자면 우선 갖추어야 할 것이 있다.

첫 번째 조건은 상대에 대한 편견을 버리는 것이다. 상대편이 나에게 어떤 편견을 가지고 있다면 당신이 아무리 유창한 말을 늘어놓더라도 제대로 말의 효과가 나타날 리는 없다. 상대가 좋지 않은 편견을 가지고 있는데 몇 시간이고 열심히 떠들어본들 소용이 없이 상대의 불신은 더욱 깊어진다.

내가 상대에게 좋지 못한 편견을 가지고 있으면 대화는 자연적으로 상대를 불신하는 쪽으로 몰아갈 수밖에 없다. 이런 상태에서는 상대를 더욱 화나게 할 뿐 자신에게 이로운 대화를 할 수 없다. 당신은 상대에게 좋은 편견을 안겨주는 대신, 당신이 가진 나쁜 편견을 즉시 머릿속에서 쓸어 내버려야 한다.

대답하기 쉬운 질문부터 하라

그 사람과 많은 시간 이야기를 나누고 친분을 다지고 싶다면 대답하기 쉬운 질문부터 하는 것이 순리다. 상대는 나를 향해 호기심 반, 의심 반의 생각으로 염탐을 해올 것이기 때문이다.

상대는 내가 꺼낸 첫말에 의해서 나의 인상을 결정 지으려 할 것이다. 이런 상황에서 너무 어려운 질문을 하면 상대는 내가 꽤 난해한 인물인 것으로 판단하고 되도록 말문을 열려고 하지 않을 것이다.

그러므로 쉬운 질문부터 하라. 상대가 긴장을 풀고 차근차근 대답할 수 있도록 한다. 상대의 말이 길어질수록 당신은 다음에 무슨 말을 꺼낼 것인가 생각하는 부담을 줄일 수가 있다.

쉬운 질문부터 차근차근 하면서 어려운 질문으로 넘어가면 두 사람 간의 대화는 길어지고 점차 친밀감을 느낀다.

처음부터 무거운 대화를 이끌어가는 사람은 어쩐 일인지 부담스러울 때가 있다. 누구를 만나든 첫 대화의 물꼬를 틀 때는 쉬운 질문부터 던져서 상황을 호전시켜 가면 좋다. 그래야 긴장된 마음을 풀어내며 이야기의 진전을 보게 된다.

명령을 내리는 사람보다
협력을 청하는 사람

제2차세계대전을 승리로 이끈 몽고메리 장군은 장병들 앞에 자주 모습을 나타냈다. 그는 참모본부에 앉은 채 명령을 내리는 것이 아니라 장병들 사이에 서서 협력을 구하곤 한 것이다.

지도자는 이처럼 그저 명령을 내리는 사람이 아니라 협력을 청하는 사람이다. 섬김을 요구하는 사람보다 도움을 청하는 사람이 더 많은 지지를 얻게 된다.

군림하지 말고 협력을 구하라

"자네 내일까지 그 기획안을 가져오게."

강제적으로 말한다면 부하직원은 그다지 기분이 좋지 않다.

"내일까지 기획안을 가져올 수 있겠나? 시간이 빠듯하겠지만 한 번 능력을 발휘해보게나."

이렇게 말하면 듣는 사람으로선 한결 낫다. 어떤 사람이든 강제된 요청에는 일단 반발감이 생기게 마련이다.

"김 대리, 오늘 야근을 하도록 해"보다 "김 대리, 오늘 야근을 부탁하네"라고 해야 한다.

높은 지위에 있다고 해서 그 사람의 생각이 부하직원들보다 반드시 옳은 것은 아니다. 어떤 측면에서는 부하직원들의 아이디어가 더 반짝거릴 때가 있다. 부하직원들 혹은 동료들과 좋은 인간관계를 열기 위해서는 일방적인 명령보다 협력을 얻는다는 자세로 대하는 것이 좋다. 협력을 얻는 것은 요구하는 것이 아니라 의뢰하는 것이다.

어떤 결정 사항을 위임할 때는 자기 생각이 아니라 부서 전체 팀원들의 생각인 것처럼 말하는 것이 좋다. 그래야 자진해서 일을 맡을 기분이 드는 것이다.

설득도 하지 못하고 협력도 얻지 못하는 상사라면 모름지기 상사로서 자격 없는 사람이라 할 것이다. 말 한마디에 부하들의 신임과 절대적인 지지를 얻는 상사라면 그는 상사다운 자격을 충분히 갖춘 사람이다.

CHAPTER 6

말의 태도

상대를 내 편으로 끌어들이기

남이 나를 찾아주기를 바란다.
자신의 장점을 다른 사람들이 칭찬해주기를 원한다.
결점은 그냥 넘어가 주거나 용서해주기를 원한다.
현재 자신의 기분을 모든 사람이 알아주기를 바란다.

만약 위와 같은 점만 유념한다면 상대를 내 편으로 끌어들이기가
쉬워진다.

상대 중심으로 생각하고 말하라

대개 사람은 대화하는 동안 거의 자신의 이야기로 충당한다. 만약 당신이 조금이라도 현명하고 모든 사람의 사랑을 받고 싶다면 자신의 이야기보다 상대방의 이야기를 더 많이 해야 한다.

"우리 아버님이, 우리 회사가, 내 자동차가, 내 친구 중에는…"과 같이 자기중심이 아니라 상대방 중심으로 이야기를 이끌어가는 것이 좋다.

"당신의 회사는 어떠십니까?"

"당신이 하시는 일은 잘되어 가나요?"

"어머님의 건강은 어떠세요?"

선입관이나 편견 등을 가지고 상대의 말을 들으면 그 사람이 지금 나에게 말하고자 하는 바가 무엇인지, 지금 느끼고 있는 바가 무엇인지를 제대로 알 수 없다. 그러므로 주관적인 판단은 철저하게 배제하고 상대를 한 번 더 생각할 수 있는 자세가 된다면 나를 중심으로 한 화제보다 상대를 향한 화제가 더 풍요롭다는 걸 알게 된다.

추켜세우며 잘못을 지적하라

"이런 바보 같은 실수를 하다니 도대체 자네답지 않군…."

"자네가 그런 실수를 하다니 과도한 업무로 피곤이 지나쳤던 게 분명해. 그렇지 않다면 이런 실수를 할 리가 없잖아?"

"집안에 무슨 걱정거리라도 있나?"

"평소의 자네답지 않게 치밀하지 못했군."

같은 편이 되어 잘못을 지적하라

실수를 저지른 상대의 기분을 돋우고 원기를 회복하게 만들기 위해서는 다음과 같은 말을 해줄 수 있어야 한다.

"나는 자네와 함께 그 문제의 원인을 파악해보고 싶네."

실수를 저지른 당사자를 혼자 내버려두지 않고 같이 실수를 저지른 사람이기나 한 것처럼 동료가 되어주는 것이다. 실수를 나누어줄 동료가 생긴 것은 그에게 적잖이 위안이 된다.

구체적인 문제에 들어가서는 이렇게 말해도 좋다.

"자네의 방식은 좋아. 하지만 이것은 대단히 중요한 문제이니 다시 한 번 신중하게 생각해 보세."

그의 자존심을 다치지 않도록 하면서 꼭 지적해 주고 싶은 것을 말한다.

"이건 이렇게 하는 게 더 좋지 않을까? 자네 생각은 어떤가?"

결국은 하고 싶은 말을 다 하는 것이다. 이쯤 되면 '우리는 함께'라는 동류의식이 생긴다. 상대를 동료로 이끌어주고 진한 유대감을 느끼게 했으니 말이다. 같은 편이 되어 잘못된 사항이나 실수를 지적당해도 별로 아프지도 않다. '같이 한번 생각해 보세' '자네 생각은 어떤가?'라는 말이 함축되어 있어서 도리어 힘이 생긴다.

호소력 있는 말

상대의 이익에 관한 이야기는 강력한 호소력을 지닌다. 상대편에게
아무런 이해관계가 없다면 당신의 말에 그다지 관심을 기울이지 않
게 된다.
"이 일이 선생님의 사업과 무관하다고는 볼 수 없을 것입니다."
"이번 일만 도와주신다면 저의 능력과 저의 힘을 사장님께 쏟아부
을 수 있을 것입니다."
상대의 이익과 연관된 말이므로 상대는 소홀히 들을 수 없게 된다.

중요한 말은 다시 물어라

맞장구를 치는 것 말고도 상대의 흥을 돋우는 말이 있다.

상대의 말을 반복해 주는 것이다. 상대의 말을 반복하는 효과는 의외로 크다. 당신이 상대의 말을 잘 듣고 있다는 표시이기도 하고 감탄의 표시이기도 하다. 방법은 쉽다. 상대의 말 중에서 중요한 맥락을 짚어 말을 반복해 주면 된다.

상대의 말은 끊이지 않고 다음 순서로 넘어가게 된다. 반복의 말을 할 때 감정을 집어넣거나 표정도 달라지면 훨씬 효과적이다. 이것은 당신이 진지하게 듣고 있다는 표현이기도 하다.

그리고 상대방이 어떤 의도로 그와 같은 말을 하는 것인지 정확하게 짚어낼 수 없다면 질문을 하면 된다. 중요한 것을 되묻고, 상대방의 말의 진의를 파악하기 위한 정중한 질문을 하고, 상대의 말에 흥을 돋우는 자세에서 대화의 품격이 살아난다.

중요한 말을 되짚어 상대에게 자기의 인상을 각인시키는 방법은 비즈니스맨에게 유효한 대화법이다. 중요한 포인트를 집어내는 질문은 대화의 포인트가 무엇인지 안다는 태도를 보이는 것과 같다.

비난을 고스란히 감수할 수 있다면

남의 비난을 고스란히 감수하면서도 침묵을 유지할 수 있다면 진정한 용기를 지닌 실력자임에 틀림이 없다. 이런 사람에게는 감히 범접할 수 없는 위엄이 느껴지는 법이다. 그는 쓸데없는 분쟁을 벌이지 않고도 사람들 사이에서 저절로 주도권을 쟁취하게 된다.

공격의 화살 과녁은 치워버려라

"당신은 무능력해."

누군가 감정적으로 당신을 비난한다면 당신은 무능력자가 아니라고 말하기 이전에 이렇게 말하라.

"그래, 당신이 보기에는 내가 무능력자일 수 있어."

상대는 당신의 반발을 기다렸다가 적절한 반격을 가하려는 순간에 그만 힘이 빠지고 말 것이다.

상대의 힘을 더욱 무기력하게 만들고 싶다면 이렇게 말할 수 있을 것이다.

"그래, 나는 무능력자야. 그런 당신은 어떤가?"

상대의 공격이 이어지면 어차피 양쪽이 모두 피해를 보게 되어 있다. 따라서 상대의 공격을 일찌감치 마감하는 방법은 상대의 과녁을 논쟁에서 치워버리는 것이다.

누군가 비난을 하거나 혹은 공격을 해올 가능성이 있으면 재빨리 과녁을 치워버려라. 자신의 잘못된 점을 상대방에게 시인한다면 절대로 말썽이 일어나지 않는다. 이런 방법은 모든 언쟁을 막아주며 상대방을 당신과 마찬가지로 공정하고 안목이 높은 사람으로 대우하는 것이 된다. 이렇게 해야 하는 이유는 당신이 다른 사람과 말로써 싸우는 것이 백해무익하기 때문이다.

설교하지 말라

말하기와 듣기의 주고받음이 잘 이루어지려면 대화 당사자 간의 수평적인 관계가 잘 이루어져야 한다. 대화를 잘하는 사람은 상대방과 같은 높이에서 이야기를 주고받을 줄 안다. 상사나 나이 든 사람이 부하직원이나 젊은 사람들로부터 따돌림을 당하는 것은 높은 위치에 서려고 하기 때문이다. 항상 높은 곳에 서서 설교조의 대화를 하려고 드는 것은 다른 사람이 자신의 곁으로 다가오지 못하게 만드는 악취와도 같다.

설교는 과거의 가치관을 강요하는 것이다. 좋은 가치관이라고 해봐야 자신도 이루려고 노력했으나 결코 이루지 못했던 가치관이기 십상이다. 자신이 이루지 못했던 가치관을 아랫사람들에게 강요하는 것은 어떠한 이유로도 온당치 못하다.

스스로 생각하고 결정하게 하라

상대에게 질문하는 것은 상대방이 스스로 생각하고 결정하게끔 만들어준다. 성적이 저조한 아들에게 공부하라고 강제로 지시하는 것은 곧 공부와 멀어지도록 부추기는 건지도 모른다. 이렇게 말하는 것은 어떨까?

"요즘 성적이 꽤 떨어졌네. 너도 그 사실을 알고 있니?"

"네, 아빠, 잘하려고 해도 잘 안 돼요."

"그래, 공부란 억지로 한다고 해서 되는 것은 아니지. 그렇다면 어떻게 하면 성적을 올릴 수 있겠니?"

아이는 이 대목에서 곰곰이 생각하게 될 것이다.

"일단 온라인 학습을 들어야 하는데 컴퓨터 모니터가 작아요."

"성적을 올릴 수 있다면 내일이라도 당장 사줘야지. 그런데 모니터를 바꿔주면 성적이 향상될 수 있겠지?"

"네. 제 생각으론 그럴 것 같아요."

모니터와 성적이 어떤 함수관계가 있는지는 알지 못한다. 한 가지는 분명하다. 아들은 자발적으로 공부에 나설 것이고 만족할 만한 수준은 아닐지라도 성적은 오른다. 단순히 지시하기보다는 스스로 생각하고 방법을 찾아보는 것이 효율적임을 보여준 예화일 뿐이다.

당신이 부모라면 아들이 이상한 논리를 펼쳐 온다고 해도 무시해서는 안 된다. 아들의 생각과 감정을 소중하게 여긴다는 태도를 보이도록 해야 한다. 아들이 아빠의 성의를 눈치채고 인정하기 시작하면 자신의 말에 끝까지 책임을 지려 할 것이다.

되갚으려는 마음

당신은 상대의 말을 주의 깊게 듣고 고마움이 있다면 그 고마움을
적극적으로 표현하는 것이 좋다. 상대는 속으로 다음과 같은 말을
한다.
"저 사람이 나의 말을 잘 들어주었으니 나도 저 사람을 위해 무언
가를 해주어야 하겠다."
이처럼 일상적인 대화에서 상대방의 말에 적극적으로 귀 기울이는
것은 매우 중요하다.

상대가 제공하는 정보는 최대의 기쁨으로 맞아들여라

"나에게 그런 사실을 알려주어서 고마워."

상대가 정보를 가지고 당신에게 달려오도록 하는 방법이 있다. 사소한 정보라도 당신은 정보를 알려준 사람에게 진심으로 기뻐하는 마음을 표시하는 것이다. 단지 감사하다는 생각을 마음속에만 품어서는 안 된다. 감사하는 마음을 적극적으로 드러내 보여야 한다. 그럴 때 상대방은 이렇게 생각하게 된다.

"나는 저 사람에게 도움을 주었어."

이러한 생각이 그의 마음속에 기쁨으로 오래도록 자리하도록 만들어야 한다. 따라서 그 사람이 알려주는 정보가 당신의 관심을 끌지 못한 것이라 하더라도 다음번의 경우를 생각해 흥미 있게 얘기를 들어주는 것이다.

사람은 자신이 제공한 정보에 대해 상대가 흥미를 보이면 묘한 즐거움을 느끼곤 한다. 그러므로 그가 가진 정보를 모두 쏟아낼 수 있도록 흥미로운 표정을 지으면서 그의 말이 끊어지지 않도록 해야 한다.

"그런 사실을 나한테 알려줘서 고마워. 자네가 아니었으면 하마터면 모르고 지나칠 뻔했잖아. 고맙네."

이처럼 고마움을 표시해서 상대가 또 다른 정보를 가지고 당신에게 달려올 수 있도록 만들어야 한다.

혹독하게 비평하는 사람의 말도
귀 기울여라

혹독한 반대자나 과격한 비평가들이 성난 말을 쏟아내고 있을 때
라도 당신이 그들의 말에 귀 기울이고 있으면 그들의 분노는 억제
되고 부드러워진다. 그런 사람들을 움직이는 유일한 방법은 그들의
편에 서서 생각하고 그들의 이익을 위해 함께 염려해주는 것이다.

확고한 신념을 보인다

내가 제시한 의견에 대한 확고한 신념은 다른 사람이 나의 의견을 동조하고 믿을 수 있게 하는 소스가 된다. 내가 나의 의견에 확고한 신념이 없는데 다른 사람 역시 나의 의견을 의심할 것은 뻔하지 않은가.

물론 자신의 의견이 옳고 그것이 확실하다는 자신감과 신념이 너무 지나쳐 독단과 독선이 되어서는 안 된다. 자신이 내세우는 의견에는 어떤 것이든 빈틈이 있을 수 있다. 그것이 100%의 진리일 수는 없다. 그러므로 언제든지 수정할 수 있다는 자세가 중요하다.

지나친 신념은 독단과 독선을 일으킨다. 지나친 자신감은 아집으로 완성되는 법이다. 자신의 의견에 대한 확고한 신념과 자신감, 그리고 독단과 독선 사이에서 알맞은 균형을 유지하는 사람은 대화의 묘미를 즐기며 줄타기를 할 줄 아는 능력 있는 사람이다.

요즘 여야를 막론한 정치인들의 타협을 모르는 독선과 불공정을 지켜보며 국민들은 불안해한다. 누구를 위한 정치를 하는지 분간이 안 갈 정도다.

정치인이든 사업가든 직장인이든 확고한 신념을 바탕으로 타인의 의견을 존중하고 배려하는 태도를 보여야 한다. 올바르고 정당한 신념에 찬 말은 항상 존중받는 법이다.

반대자에게서 배워라

어떤 사람이 당신의 의견에 반대한다고 해서 흥분하고 화를 내서는 안 된다. 그는 당신에게 한 가지 이상 배울 것을 가르쳐줄 사람이다. 당신의 의견에 찬성하고 부드럽게 대하는 사람에게서 배울 것이란 없다. 당신은 반대자들의 말속에서 당신의 언행을 다시 한 번 돌아볼 것이다.

특히 심하게 반발해오는 사람에게는 진실에 가까운 의견이 들어 있다. 당신은 그 의견을 검토하고 당신에게 반영할 것은 무엇인지를 찾아내야 한다. 이러한 일련의 작업은 반대자들을 위해서가 아니라 당신의 발전을 위한 것이다.

반대하면 반대하는 이유를 살펴보라

상대의 불만이 정확하게 무엇인지 모를 때는 솔직하게 고백하는 것이 낫다. 서로 신경전을 펴며 상대의 굴복과 이해를 기다리는 것은 서로를 지치게 하고 짜증스럽게 만든다.

불만의 이유를 묻고 나서는 상대가 완전히 불만을 털어놓을 때까지 당신이 관여해서는 안 된다. 그가 불만을 털어놓는 것만으로도 불만의 절반은 공중으로 사라져버릴 것이다. 당신이 무언가 말로써 거들려고 하면 그는 공중으로 날려버린 불만을 다시 찾아올지도 모른다.

상담의 대가들은 피상담자가 자신의 고민을 다 털어놓도록 만든다. 그렇게 고민을 털어놓는 동안 피상담자의 고민은 대부분 해소된다. 상담자는 그동안 자신이 들려줄 말을 준비하면 된다. 사실 상담자가 피상담자에게 들려줄 올바른 해답은 이미 피상담자의 말속에 고스란히 들어 있는 경우가 많다.

상대가 완전히 불만을 토로하고 나면 당신은 정확한 불만의 정체를 집어내어 이렇게 말하면 된다.

"아하, 그러니까 그 문제 때문이란 말씀이지요?"

상대에게 불만이 있다면 불만과 함께 스트레스를 마음껏 발산하도록 내버려두어라. 그러면 더는 불만이 없을 것이다.

아낌없이 칭찬하라

상대를 만나면 우선 당신의 마음속에 다음과 같은 결심을 해보라.
"저 사람이 나에게 호감을 지니도록 만들어보자. 그러기 위해서는
그에 관한 칭찬을 해야 하는데 그에게 어떤 칭찬을 할 만한 것이
있을까?"
인간이라면 누구나 주위 사람들로부터 인정받기를 원한다. 자기가
중요한 존재라는 사실을 느끼고 싶어 한다. 유명한 플레이보이가
어떻게 하면 여자의 마음을 사로잡을 수 있는지 비결을 말했다.
"힘든 일이라고는 아무것도 없습니다. 그 여자의 이야기를 들어주
고 간간이 그 여자를 칭찬하면 됩니다."

상대의 단점은 축소하고 장점은 펼쳐라

칭찬도 무턱대고 남발하는 것은 좋지 않다. 칭찬하는 것에도 방법이 있기 마련이다.

"오케이, 김 대리 참 능력 있어."

"역시 박수경 씨는 센스가 있어."

어떤 사람을 칭찬할 때, 이와 같은 추상적인 말로 자칫 오해를 사기도 한다. 구체적이지 못한 칭찬은 정말 칭찬하고 싶은 마음이 없음에도 어쩔 수 없이 하는 칭찬으로 오해받기 쉽다. 또 본인은 좋은 의도로 말을 했더라도 듣는 사람이 기분에 따라 생판 다른 방향을 틀수도 있다.

사람을 칭찬할 때는 추상적인 칭찬은 피해야 한다. 칭찬할 것이라면 상대를 보다 세심하게 관찰하여, 구체적인 사례를 들어 칭찬하는 것이 방법이다.

'어떤 사람이라 할지라도 어떤 면에서는 나 자신보다 뛰어난 면이 있기 마련'이라는 에머슨의 말을 기억한다면, 칭찬은 당연히 상대를 향한 나의 기대를 보여주는 일인 셈이다. 누구든 나보다 나은 몇 가지를 더 가지고 있다. 그러므로 칭찬에 인색할 필요가 없다. 칭찬은 다른 사람의 삶을 고무시킬 충분한 배양 요소이다.

그 일을 내가 해내는 거다. 아부처럼 들리지 않고 허튼 말처럼 들리지 않는, 나의 기대를 담아 상대를 환히 웃게 할 구체적 칭찬 연습을 해보는 거다.

상대의 이름을 꼭 기억하라

미국인들의 사랑을 가장 많이 받았던 대통령 중에 시어도어 루스벨트가 있다. 대통령직을 물러난 루스벨트가 다시 백악관을 방문하는 기회가 생겼다.

그는 자신이 대통령직에 있을 때 일했던 직원들을 일일이 찾아다니며 만났다. 그는 주방에서 근무하는 직원까지 이름을 기억했고 친절하게 안부를 묻곤 했다.

직원들은 눈물을 글썽이며 다음과 같이 말했다.

"대통령이 바뀐 뒤, 2년 동안 이렇게 기쁜 날이라고는 아마 없었을 겁니다. 이 기쁨은 돈을 주고도 살 수 없는 것입니다."

지위가 높으면 높을수록 타인의 이름을 기억하지 않는다. 그러나 기억하라. 지위가 높을수록 상대의 이름을 기억해주는 행위야말로 더없는 감격을 선사하는 것이다.

호감을 사려면 상대의 이름을 불러준다

상대방의 호감을 사는 방법 가운데 하나는 이름을 부르는 것이다.

"이건 어떤가요? 취향에 맞으세요? 정민 씨."

"우리 함께 일해 봅시다. 유진 씨."

이렇게 말하는 것은 아무런 호칭 없이 자네, 혹은 당신이라고 말하는 것보다 훨씬 다정다감한 느낌을 준다.

만나는 상대의 이름을 알아두는 것은 대화하기 위한 기본 자세이다. 만약 첫 대면이라면 명함을 건네거나 자기소개를 할 때 정확히 알아두어야 한다.

대화의 중간중간에 상대의 이름을 불러주는 것은 처음 대하는 상대라도 친밀감을 느끼게 해준다. 마치 이전부터 잘 알고 있는 사이와 같은 느낌을 주는 것이다. 상대가 자기에게 관심을 지니고 있으며 자신을 인정해 주는 듯한 느낌도 동시에 준다.

한 여성 외교관은 학창 시절 독어 선생님이 자신의 이름을 불러주었다고 한다. 보통 선생님 같으면 "어이, 거기 학생" 하거나 번호를 부르는 것이 보통일 텐데 그 선생님은 특별히 자신의 이름을 불러준 것이다. 그 이후 그 여학생은 선생님이 자신에게 호감을 지니는 것으로 알고 열심히 독어 공부에 매진했다고 한다. 그가 여성 외교관이 될 수 있었던 것은 선생님이 자신의 이름을 불러준 덕분이다.

심리적인 거리를 좁혀라

상대의 이름을 부르는 것은 거리감을 좁혀준다.

'당신'과 '나'라고 똑 떨어지게 구분하기보다는 '우리'라는 말이 거리감을 좁혀준다.

'자네에게 말하지 않으면 안 된다'(부정) '자네에게 말하고 싶다'(긍정)와 같이 부정의 표현보다 긍정의 표현은 거리감을 좁혀준다.

이름을 부르면 심리적 거리감이 좁혀진다

처음으로 소개를 받고 2~3분 정도 이야기를 나누다가 작별을 할 때 상대방의 이름이 생각나지 않는 경우는 허다하다. 그렇다고 대충 얼버무릴 수는 없는 노릇이다. 상대방의 이름이 기억나지 않거나 상대의 이름을 반드시 불러주어야 할 때는 다음과 같이 말한다.

'죄송하지만 다시 한 번 말씀해 주십시오' 하고 정중히 부탁하는 것이다. 다소 섭섭하기야 하겠지만 화낼 일이 아니다.

상대방과 이야기하는 도중이라면 상대방의 이름을 몇 번 되풀이해 불러보며 상대방의 표정, 인상, 체격 등을 함께 머릿속에 기억한다. 상대방이 중요 인물이라면 더욱 정성을 기울여 기억해야 하는 것은 당연한 일이다.

누가 자신의 이름을 기억하고 불러준다는 것은 매우 기분 좋은 일이다. 어떤 경우에는 칭찬보다 큰 효과를 불러온다. 그러나 두 번째 만났을 때 당신이 상대의 이름을 잊어버리거나 잘못 부르면 상대의 기분은 증오에 가까워질 것이다.

이름을 불러주어라. 그러면 상대방은 단번에 호감을 지니고 당신에게 다가올 것이다.

누군가 도움을 청해오면

누군가 당신에게 도움을 청한다면 흔쾌히 나서야 한다. 그들이 도움을 청해오는 것은 당신이 무언가를 베풀 수 있는 존재이기 때문이다. 당신을 제쳐두고 다른 사람에게 도움을 청하러 가는 것은 당신에게는 도울 만한 능력이 없다는 증거이다.

사람들은 무슨 부탁을 하면 그 일이 충분히 할 수 있는 일임에도 간혹 자기에게 해가 될 것 같은 기분에, 혹은 귀찮은 마음에 '아니오'라고 말해버린다. 그러나 우리가 오랫동안 지식과 기술을 습득해 온 것은 누군가의 부탁에 '네'를 할 수 있는 과정임을 알아야 한다.

거절하지 말고 나서라

　누가 어떤 사항에 대해 질문을 해온다면 상대를 마주 보고 대화를 할 수 있는 예의 정도는 갖추고 있어야 한다. 누가 무엇을 부탁하면 1초도 걸리지 않아서 '안 돼요' '모르겠습니다' '저로서는 할 수 없는 일입니다'라고 단호히 말하는 사람이 있다.

　그러나 누군가가 무엇을 부탁한다면 일단은 긍정적인 태도로 나서야 한다. 어떤 사람도 다른 사람의 도움 없이 혼자의 힘만으로는 세상을 살아갈 수 없기 때문이다.

　그러므로 상사가 "김 대리 그 서류 못 보았나?" 무언가를 물어오면 이렇게 말할 필요가 있다.

　"그 서류라면 제가 어제 과장님께 드렸는데, 잠시만요. 제가 한번 찾아보지요."

　적어도 한번 찾아보는 시늉이라도 해야 한다.

　"제 책상에는 없는데요. 같이 찾아봐 드릴까요?"

　"아니네. 일 보게. 내가 찾아보지."

　이쯤 되면 과장은 김 대리에게 뭔가 신세 진 듯한 느낌이 들 것이다. 그러므로 누군가 부탁하면 단호히 물리치지 말고 일단 긍정적으로 받아들인 뒤 거절을 해도 늦지는 않을 것이다.

외로운 사람들을 대접하라

이 세상 사람들의 3분의 2는 외로운 사람들이다. 그들에게 같은 편이 되어주는 말은 '나는' '당신은' 대신 '우리들'이란 말을 쓰는 것이다.

"우리가 이런 방법으로 프로젝트를 진행하려 하는데 어떻습니까?"

"나는 이런 방법으로…" 하는 것보다 한결 따뜻한 말이 된다.

사람들은 자신이 혼자가 되는 경우는 두고 보지 못하는 습성을 가지고 있다.

외로운 사람은 동정심을 가지고 대접하라

"당신이 그렇게 생각하셨다고 해도 저로서는 섭섭한 것이 없습니다."

"제가 당신이라도 아마 그렇게 생각했을 것 같습니다."

상대방이 아무리 심술궂은 사람이라도 이러한 동정적인 말에는 한풀 수그러들 것이다. 편협하고 불합리한 사람이 맞은편 의자에 앉아서 당신을 노려보고 있더라도 당신은 이 세상에서 가장 동정적인 사람이 되어주어야 한다.

당신이 만나는 사람 중에서 3분의 2에 해당하는 사람들은 동정에 굶주리고 목말라 있는 사람들이다. 그들에게 아낌없이 동정을 표시하는 것이다. 그러면 그들은 당신을 사랑하지 않을 수 없을 것이다.

당신이 상대에게 들려줄 말은 다음과 같은 것들이다.

"내가 당신이었더라도 아마 그런 감정을 느꼈을 것입니다."

"내가 당신의 처지였더라도 그렇게 했겠지요."

"선생님과 같은 그런 혹독한 경우는 아직 겪어보지 못했습니다. 그 당시에는 상당히 절망스러웠겠군요."

"이런 때에 당신이 얼마나 실망스러운지를 잘 알겠습니다."

말은 2가지 의미로 전달될 수 있다

당신이 어떤 단어를 구사할 때 그 단어의 의미가 당신이 생각한 대로 상대에게 전달된다고 생각하는 것은 상대와 말씨름을 하기에 충분하다. 두 사람의 대화에서 같은 말을 써도 어떤 자리에서는 통하고 또 어떤 자리에서는 전혀 다른 의미로 통할 때가 있다는 점을 염두에 두어야 한다.

말이 씨가 된다

심리학자 프로이트는 말이란 "현상(現想)화되는 물질 에너지로서 끊임없이 같은 말을 되풀이하면 그것은 이루어진다"고 이야기했다. 우리의 속담에도 '말이 씨가 된다'고 하지 않나.

말로 내뱉는 것들은 자기 생각과 의사를 모두 반영하는 것이기 때문에 무의식적으로 내뱉는 말 한마디 한마디에도 자신의 의지가 담겨 있어, 그것이 현상으로 나타날 수 있다는 것이다. 평소에 나는 과연 어떠한 말을 많이 사용하는지 한 번쯤 미루어 반성해 봄직도 하다. 내가 하는 말이 긍정이 많은지, 부정이 많은지를 깊게 생각할 겨를도 없이 우리는 말의 홍수 속에 산다.

나는 어떤 표현을 많이 사용하는지도 한 번쯤 돌아보자. 말이 씨가 되어 돌아온다는데, 굳이 부정적 표현을 가져다 쓸 필요가 없다.

진정으로 말을 잘하는 사람은 자신의 의견을 조리 있게 말하는 것뿐만 아니라, 긍정적인 말을 많이 하여 듣는 상대가 즐거움과 편안함을 느끼게 해주며, 기쁨과 즐거움을 주는 말을 누구보다 잘한다.

주위 사람들을 동원하라

자신의 말에 신빙성을 높여야 할 경우, 또 상대의 적극적인 협조를 기대할 경우 주위 사람을 동원하는 방법이다.

"암 전문가 박ㅇㅇ 박사가 그러던데 말이야. 그 식품은 간에 무리를 준다더군."

그 식품이 그다지 좋지 않다는 점을 강조하기 위해 암 전문가까지 동원한 경우다. 물론 이 인용은 사실이어야 한다. 만약 나중에라도 허위가 밝혀지면 인간에 대한 신뢰감마저 상실할지 모른다.

"이웃 아파트에서는 그 상품을 사지 않은 사람이 거의 없대."

이처럼 말하는 것은 그 상품의 우수성을 높이기 위해 이웃 아파트 주민들을 동원한 경우다.

작은 배려는 상대의 마음을 흔들어놓는다

요즘은 광고의 시대이다. 상점에 가보면 많은 상품이 공장에서 쏟아져 나와 진열대를 가득 채운다. 같은 용도에 사용되는 물건 역시 한두 종이 아니어서 소비자들은 그 가운데서 어느 물건을 골라야 할지 망설여지지 않을 수가 없다. 그런 때는 신문이나 텔레비전 광고에서 보아둔 제품에 신뢰가 가기 마련이다. 이것이 광고의 효과이다. 만약 상점에 한 가지 물품만 있다면 굳이 돈을 들여 광고할 필요는 없을 것이다.

사람도 마찬가지다. 수많은 사람 중에, 자신이, 혹은 자기가 팔고자 하는 물건이나 서비스가 상대에게 받아들여지려면 다른 사람들과는 차별되는 광고 전략이 필요하다. 그렇다고 샌드위치맨처럼 자신의 몸에 "나는 꽤 쓸 만한 사람이니 나를 채택해 주세요"라고 써 붙이고 다닐 수는 없다.

같은 말이라도 자신의 이미지를 상대에게 강하게 심어주는 말이 있다. 상대의 머릿속에 자신을 각인시켜 오래도록 잊히지 않게 하는 말이다. 그리하여 어떤 물건을 사거나 어떤 일을 처리할 때면 그 사람의 얼굴을 자연스럽게 떠올리게 하는 것이다.

말이 잘 전달되게 하려면

당신은 말에 이미지를 부여할 수 있어야 한다. 가령 '비가 내린다'를 '좍좍 내린다' '비가 퍼붓는다' '보슬보슬 내린다'라고 표현하면 훨씬 이미지가 강화된다. 단순한 말보다 구체적이고 이미지가 부과된 말은 상대에게 생동감 있게 다가간다. 상대의 머릿속에 방금 한 말의 이미지가 연상 작용을 일으켜 필름처럼 돌아가고 있다.

또 말속에 의태어나 의성어를 삽입하면 돌연 말은 활기를 띠고 공중으로 건너간다.

이외에도 질감이나 부피가 느껴지는 말이 있다.

"이 옷은 표면은 거칠군."

"이 옷의 표면은 까칠까칠하군."(질감)

"그들은 우애가 좋다."

"그들은 우애가 두터워."(부피)

"방바닥이 따듯하군."

"방바닥이 뜨듯하군."(온도)

말을 천천히 하거나 음을 길게 하거나 짧게 하기에 따라 그 말의 질감이나 부피가 느껴진다. 따라서 같은 말이라도 이처럼 이미지가 첨가된 말을 하면 말에 생동감이 생긴다.

말할 때 플러스의 이미지를 강조하라

세균학자와 함께 일을 하는 어린 여자 조수가 있었다. 어느 날 학자 앞으로 세균 검사에 필요한 견본이 300개나 배달되었다. 그것을 일일이 검사하는 일은 조수의 몫이었다. 학자가 미안한 마음으로 조수에게 말했다.

"할 일이 너무 많은 것 같은데, 괜찮겠어?"

그러자 조수가 아무렇지도 않다는 표정으로 다음과 같이 말했다.

"뭘요, 한 번에 하나씩 하면 되는걸요."

조수의 이 말이 실험실 전체를 밝게 만들었을 것임은 확실하다. 물론 학자의 마음속에 고마운 감상을 한껏 불어넣었을 것이다. 긍정적인 사고를 하는 사람은 이처럼 한마디 말이라도 상대에게 좋은 이미지를 남기게 한다.

"일을 너무 많이 했더니 머리가 지끈거리고 어지러워. 바람이라도 쐬어야겠어" 대신 "일을 너무 많이 했더니 머리가 무거워. 산뜻한 바람이라도 쐬어야겠어" 라고 말하는 것이 좋다.

부정적인 말은 길게 늘어놓을 것이 아니라 줄여서 단지 '머리가 무거워'라고 말을 하면 된다. 반대로 바람이라도 '쐬어야겠어'란 말은 산뜻한 바람, 혹은 신선한 바람이라고 늘여서 말해도 좋다. 그 말이 떨어지는 순간에 무거운 머리가 가벼워지는 듯한 느낌이 들도록 만드는 것이다.

값싼 칭찬은 안 하는 것이 낫다

사람들은 자신이 하는 일이 이 세상에서 가장 중요하고도 고결한 일이기를 바란다. 그러면서도 상대의 값싼 칭찬에는 거부감을 드러낸다.

당신이 아내에게 "당신은 훌륭한 요리사야"라고 했다면 응당 하는 칭찬으로 여기고 그다지 감동하지 않는다. 그러나 당신이 "외식할까? 그런데 말야. 맛도 없는 음식에 돈을 낭비할 필요가 있을까? 나는 외식보다 당신이 만들어준 음식이 더 맛있는데 말야" 이렇게 말한다면 아내는 훨씬 더 기뻐할 것이 틀림없다. 아내의 음식 솜씨가 출중하다는 것 말고도 가정경제에 이바지하고 있다는 고결한 이미지를 부각했기 때문이다.

상대를 전문가로 대접한다

청소부라는 호칭이 환경미화원으로 바뀌었다. 이 호칭의 변경만으로도 그 사람은 마치 환경을 아름답게 가꾸는 전문가처럼 들린다. 보험 모집원을 생활설계사라고 부르는 것도 참으로 멋진 발상이 아닐 수 없다. 간호원 대신 간호사라고 하면 이론과 실기를 겸비한 전문가처럼 들린다.

물론 그렇다고 해서 그들이 하는 일이 달라진 것은 아니다. 우리는 회사에서 거래처에서, 혹은 거리에서 만나는 사람에게 전문가의 지위를 부여함으로써 의외의 소득을 불러올 수 있다. 가령 당신이 시장에서 생선이나 채소를 산다고 가정해 보자.

이것저것 아는 체하며 까칠하게 구는 것보다 차라리 이렇게 말하는 것이 더 낫다.

"저는 잘 모르겠어요. 생선의 품질에 전문가인 당신이 좋은 생선을 좀 골라주세요."

이렇게 되면 상대방은 여러 마리의 생선 중 가장 좋은 생선을 골라 줄 뿐 아니라, 어떻게 하면 좋은 생선을 고를 수 있는지 자세한 방법까지 가르쳐주려 할 것이다. 그것은 그가 물건을 팔아 작은 이문을 남기는 장사치에서 일약 전문가의 위치로 격상되었기 때문이다. 사람들은 누군가로부터 높은 예우를 받으면 그 예우에 부합한 대가를 돌려주려고 노력한다.

비대면
시대
대화법

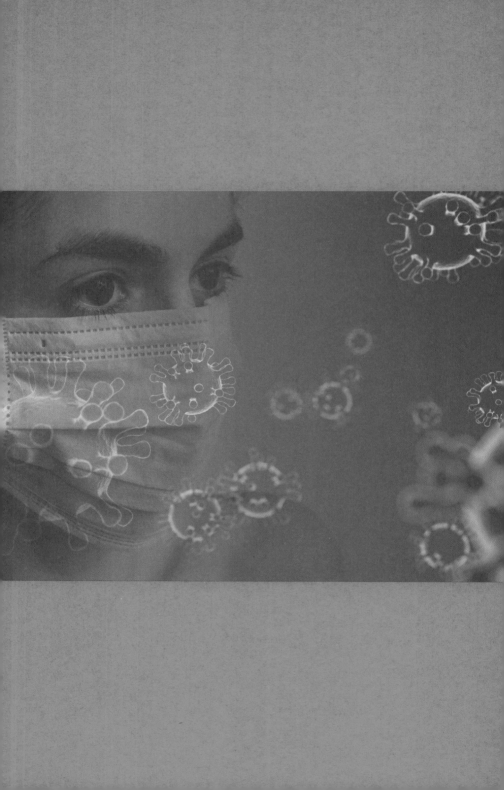

우리는 신종코로나라는 엄청난 굴레 속에서 경험해 보지 못한

시대를 살아간다. 사람과의 접촉이 자유롭지 못한 비대면

시대에도 의사소통은 이루어져야 한다. 비대면 대화를 매끄럽게

이끌어가기 위해서 어떻게 해야 할까?

SNS상의 예의는 현대인 덕목

첫째, 감정을 앞세우지 말아야 한다.

둘째, 나만 옳다는 오만과 독선에서 벗어나야 한다.

셋째, 진영논리에 빠지지 말아야 한다.

넷째, 올바른 대화에는 긍정적인 마음가짐이 필요하다.

문자 메시지 예절

- 줄임말이나 은어 등은 어르신들이 모르는 경우가 많아서 맞춤법을 맞추고 신조어를 쓰지 않는다.

- 친절한 표현을 사용한다. 공손한 표현과 말투로 표현한다.

- 문자가 오면 바로 연락을 취하도록 한다.

- 한 번 더 생각하고 보낸다.

올바른 전화 예절

- 혼동되기 쉬운 말이나 유행어, 비속어, 낯선 외국어 등은 피한다.

- 숫자, 일시, 장소, 이름 등에 관해서는 특히 주의를 기울이는 것이 필요하다.

- 전문용어, 틀리기 쉬운 숙어를 사용할 때는 주의한다.

- 필요 이상의 수식어, 경어를 사용하는 것은 본래 뜻에서 벗어나기 쉽다.

- 틀린 전화도 예의 바르게 대한다.

- 상대방의 실수도 차분하게 대응한다.

랜덤채팅 사기
피해를 줄이는 방법

랜덤채팅 사기와 같은 범죄는 어떻게 대응하느냐가 가장 중요하다.
가장 피해를 줄일 방법은 바로 경찰에 신고하고, 영상 차단에 관한
다양한 솔루션을 가진 보안 전문 업체에 의뢰하는 일이다.

한마디의 말이 들어맞지 않으면, 천 마디의 말을
더해도 소용이 없다. 그러기에 중심이 되는 한마디를
삼가야 한다. 중심을 찌르지 못하는 말은 차라리 입
밖에 내지 않느니만 못하다.

– 채근담

단어나 언어는, 그것이 씌어지거나 말해질 때 내 생각의
메커니즘 속에서는 어떤 역할도 하지 않는 것 같다. 생각에서
원소의 역할을 하는 것으로 보이는 유형의 실체들이야말로
명백한 기호이며, 임의로 재생되거나 결합할 수 있는 다소
뚜렷한 이미지다.

– 아인슈타인

비대면 시대에도 대화는 해야 한다

SNS, 아는 분들과 소통하고 공유해요
우리는 문자로 끼리끼리 소통한다
목소리 조절로 상대를 매혹하는 전화 통화
우린 만나지 못하지만, 얼굴 보면서 말해~
낯선 사람과도 언제나 소통합니다, 채팅

대화의 품격은 비대면 시대에 더 돋보인다

비대면 시대에도 대화는 해야 한다

2019년 말, 중국 후베이성의 우한(武漢)에서 발생해서 급속도로 전파되기 시작한 신종코로나바이러스 감염증(코로나19)이 삽시간에 전 세계를 휩쓸며 지구촌의 수많은 사람들에게 큰 고통을 주고 있다.

2020년 12월 말, 전 세계에서 무려 7천3백만 명 넘게 감염됐으며 162만 명 넘게 목숨을 잃었다. 미국만 하더라도 1,600만 명 이상이 감염됐고 30만 명 이상이 희생됐다. 코로나19를 가볍게 여기며 마스크도 안 쓰고 허세를 부리던 트럼프 전 대통령 부부까지 감염됐다. 전염병에 의한 인류의 재앙으로 손꼽히는 유럽의 페스트, 스페인 독감에 버금가는 공포로 여전히 위력이 수그러들지 않고 있다.

우리나라도 예외가 아니다. 대구를 중심으로 크게 확산되던 코로나19는 철저한 전수조사와 검진, 자가격리 등으로 초기방역에 성공해서 방역 모범국가로 국제 사회에서 찬사를 받았다. 그러다가 잠시 방심하는 사이, 다시 빠르게 확산해 각종 통제와 갖가지 제한으로 큰 고통과 불편을 겪고 있다.

그에 따라 마스크 착용, 사회적 거리두기, 외출 자제, 여행과 원거리 이동 자제 등을 생활화하고 각급 학교의 원격수업, 종교집회, 각종 행사, 모임 등의 다중 집합금지 등, 상황에 따라 사회활동이 상당한 제한을 받고 있다. 이러한 실정에서 요즘 어쩔 수 없이 거의 일상화되고 있는 것이 바로 '비대면 대화'다.

상식적인 얘기지만 우리 인간은 상대방과 만나서 얼굴을 마주하고 직접 말을 주고받으며 의사소통을 하는 것이 대화의 기본이다. 그런데 코로나19로 말미암아 직접 만나지 않고 온라인 등의 여러 수단을 통해 상대방과 간접적으로 대화하는 것이 '비대면(非對面) 대화'다.

사실 코로나19가 아니더라도 우리의 일상생활에서 비대면 대화는 큰 비중을 차지하고 있다. 유선, 무선전화, 휴대폰 문자, e메일, SNS, 카톡, 채팅, 영상통화, 화상회의 등등, 갖가지 비대면 대화가 일상적으로 이루어지고 있다. 하지만 그러한 소통수단들이 반드시 강제적인 것은 아니다. 편의와 편리에 의한 것이다.

그러나 코로나19의 확산을 방지하기 위한 비대면 대화는 정부의 방역방침에 따른 반강제적 성격을 지니고 있다. 우리는 싫든 좋든, 상황이 어떠하든, 사회활동의 상당한 부분에서 비대면 대화를 할 수밖에 없는 환경에 놓여 있다.

비대면 대화를 영어로는 언택트(untact)로 표현하고 있다. '접촉하다, 연결하다'라는 뜻의 contact에 부정적 의미의 un을 붙인 조어로서 사람을 직접 만나지 않고 물품을 구매하거나 서비스 등에 쓰이는 상업적 용어라고 할 수 있다. 이를테면 배달, 택배, e커머스 등이 여기에 해당한다.

따라서 비대면 대화를 사전에도 없는 신조어 언택트로 표현하는 것은 적합하지 않다는 주장도 있다. 그보다 넌컨택트(noncontact)나 컨택트리스(contactless)가 적합하다는 것이다. 물론 여기서 그것을 따져보려는 것은 아니다.

어쨌거나 비대면 대화도 대화의 범위에 들어가는 것은 틀림없다. 대화가 말을 통해서 상대방에게 직접 의사를 전달하고 소통하거나 공감, 설득, 합의 등을 끌어내는 것이라면 비대면 대화는 대면(對面), 즉 상대방과 직접 마주하지 않고서도 그 목적을 이루려는 것으로, 그 방식에 차이가 있을 뿐이다.

따라서 상대방과의 직접적인 대화에도 매너, 예의와 경청은 말할 것도 없고 원만한 분위기 조성과 요령, 설득을 위한 기술 등이 필요하듯이 비대면 대화도 그와 마찬가지다.

이제 우리는 코로나19라는 엄청난 굴레 속에서 경험해 보지 못한 시대를 살아간다. 사람과의 접촉이 자유롭지 못한 비대면 시대에도 의사소통은 이루어져야 한다. 비대면 대화를 매끄럽게 이끌어가기 위해서 어떻게 해야 할까에 대한 궁금증을 앞에 두고 하나씩 생각해보기로 한다.

SNS, 아는 분들과 소통하고 공유해요

　뉴미디어의 획기적인 발전이 가져온 SNS(Social Network Service) 는 어린이나 일부 고령층을 제외하면 보편화해서 설명할 필요가 없 다. 사용자들의 자유로운 소통, 정보공유, 인간관계 형성 등, 사회 적 관계망을 구축해 주는 웹(web)을 기반으로 하는 온라인 서비스인 SNS는 누구든지 자유롭게 콘텐츠를 만들 수 있고 빠른 속도로 많은 사람에게 콘텐츠를 전달할 수 있는 장점으로 우리 생활에서 활용도 가 대단히 높다.

　페이스북, 트위터, 블로그, 인스타그램, 유튜브, 카카오톡, 틱톡 등 종류도 무척 많다. 저마다 나름대로 특정한 기능과 장점이 있어서 사 용자의 목적과 편의성에 따라 선택적으로 이용할 수 있다.

　물론 SNS는 상대방과 만나서 말을 주고받는 직접대화나 전화 등을 이용한 비대면의 간접대화는 아니며, 반드시 Q&A의 문답 형식도 아 니다. 말 대신 글을 사용한다. 아울러 대화는 상대방과 실시간 동시에 이루어지나, SNS는 사용자들 사이에 시차가 있다. 또 자신의 SNS를 자의적으로 폐쇄할 수도 있으며 특정 내용을 삭제할 수도 있다.

하지만 SNS를 통해 자신의 견해와 주장, 심정 등을 글로써 표현하고 그 글을 본 친구나 관련이 있는 사람 또는 불특정 다수의 누리꾼이 댓글을 달거나 그들이 먼저 특정한 상대에게 자신들의 심정을 글로 표출할 때도 있어, 광범위하게 볼 때 비대면의 간접대화라고 본다.

SNS가 지닌 태생적 문제점을 극복한다

SNS의 장점이라면 아무런 간섭도 받지 않고 자유롭게 자신의 견해나 주장, 심정 등을 피력할 수 있다는 것이다. 하지만 그것은 양면성을 가지고 있다. 직접적인 문자 교환이나 말을 주고받는 것이 아니라는 구실로 갖가지 횡포가 자행되기도 한다.

익명성을 악용해서 관심을 끌기 위해 온갖 유언비어, 허위과장, 거짓 정보 따위를 유포하거나 연예인 등 특정인의 신상정보를 캐고 성적 모욕, 욕설을 퍼붓는 등 인신공격이 서슴없이 자행되는 악성댓글, 이른바 '악플'이 만연하는 것도 큰 문제가 된다. 그 때문에 우울증에 시달리고 마침내 극단적 선택을 하는 연예인들도 적지 않다.

그뿐 아니라 자신의 정치적·이념적 편향성도 크게 문제가 되고 있다. 자신들 진영에서 위법, 탈법행위, 비도덕적 행위, 막말과 궤변이 사회적 이슈가 돼 비난을 받게 되면, 옳고 그름을 따지지 않고 무조건 자신들 진영을 옹호하며, 오히려 비난하는 쪽을 무차별하게 벌떼처럼 공격함으로써 비논리적이며 가치 없는 소모적인 논쟁이 벌어지는 것도 큰 문제이다.

줄여 말하면, 무엇으로든 많은 사람의 관심을 끌려는 이른바 '관종(關種), 익명성의 악플, 정치적·이념적 확증편향 등이 SNS가 지닌 태생적 문제점이라고 할 수 있다.

누구나 한 번쯤은 관종이 되고 싶다

우리가 SNS를 비대면 간접대화의 범주에 넣는다면 직접대화의 요령과 기술이 필요하기는 마찬가지다. 다만 그것을 말 대신 문자로 표현할 뿐이다. 특정인의 SNS에는 수많은 팔로워가 있고 DM(Direct Massage)도 가능하다.

관습적으로 우리의 언어생활에서는 말보다 글이 한결 질서정연하고 차분하고 정중하다. 말은 감정에 크게 좌우되고 즉흥적으로 입에서 튀어나오기 때문에 논리적으로 정돈이 안 되고, 격한 감정에서 자제력을 잃고 고성, 막말, 욕설 등이 쏟아지는 경우가 많다. 하지만 글은 비교적 침착하게 생각을 하면서 논리성을 갖춰 쓰려고 노력하기 때문이다.

그런데 현실은 반드시 그런 것은 아니다. 익명성을 악용해서 마치 분풀이를 하려는 듯, 자신의 스트레스를 풀려는 듯, 자신의 열등감, 박탈감에서 오는 감정조절장애, 확증편향 등으로 감정을 앞세워 자판을 두드린다. 그래서 악플이 난무한다.

SNS상의 예의는 현대인의 덕목

따라서 SNS에서 메시지를 작성할 때는 다음의 몇 가지 사항들을 유의할 필요가 있다. 그것은 직접대화의 요령이나 기술과 같다.

첫째, 감정을 앞세우지 말아야 한다.

직접대화를 할 때도 감정을 앞세우면 스스로 자제력을 잃고 흥분

해서 말이 거칠어진다. SNS도 크게 다를 바 없다. 비록 익명이라도 많은 사람이 본다는 것을 잊지 말아야 한다. 가까운 친구와 장난의 문자 대화가 아니라면 교양 있고 정제된 언어로 품격을 갖추며 논리적이어야 공감을 얻는다.

둘째, 나만 옳다는 오만과 독선에서 벗어나야 한다.

직접대화를 할 때도 오만불손하고 독선적이며 교만하면 상대방이 반발하게 돼, 대화에서 아무런 소득도 얻지 못한다. 오늘을 사는 현대인들은 의식 수준이 높아서 저마다 자기 주관과 견해, 주장이 뚜렷할 뿐 아니라 주저 없이 자기 목소리를 낸다.

당연히 그 자체가 잘못된 것은 아니다. 우리 사회에는 자기 혼자만 있는 것이 아니다. 누구나 자기 못지않게 확실한 주관과 주장이 있으며, 그 견해는 무척 다양하기 마련이다. 그런데 자기만 옳고 남들은 틀렸다는 오만과 독선은 아무런 설득력도 갖지 못한다. 자기주장과 다른 남들이 틀린 것이 아니라 자신과 다를 수 있음을 인정해야 한다.

직접대화를 할 때도 무조건 자기가 옳고 상대방이 틀렸다고 주장하면 대화 자체가 성립되지 않는다. 더욱이 SNS는 사회적으로 연결된 대화의 마당이다. 다양한 사람들의 다양한 견해가 있다는 것을 받아들이고, 자기와 다른 견해가 합리적이고 타당하다면 자기주장을 접고 그것을 기꺼이 받아들일 수 있어야 한다.

셋째, 진영논리에 빠지지 말아야 한다.

예전 태평성대에는 백성들이 임금의 이름조차 모른다는 말이 있다. 안타깝게도 우리 국민은 정치에 관심이 많고 이념적으로 양극화가 심각하다. 그리하여 보수와 진보, 좌우가 뚜렷한 세력으로 양분되는 진영(陣營)이 형성돼 있으며 그에 따라 진영논리가 작용한다.

따라서 어떤 정치적·사회적 이슈가 있을 때 자기 주관은 사라지고 맹목적으로 자기 진영의 주장과 견해를 필사적으로 옹호한다. 이를테면 자기 진영의 어떤 인물이 살인을 저질러도 그를 옹호하며 오히려 피살자를 비난할 정도로 일방적이며 전혀 합리성이 없는 경우가 많다.

마치 인기 연예인의 '팬덤'처럼 한번 진영논리에 빠져들면 좀처럼 헤어나오지 못할 뿐 아니라 반대 진영을 경쟁자로 생각하지 않고 적(敵)으로 생각한다. 그 때문에 치열한 논쟁이 벌어지고 점점 거칠어지고 막말과 궤변이 오고 간다. 대화의 기본 예절이나 품격은 전혀 찾아볼 수 없다.

수십 년 전, 중국의 마오쩌둥(毛澤東) 시대, 조직적으로 수천만 명의 홍위병(紅衛兵)을 결성해서 마오쩌둥을 옹호하며 광란의 횡포를 자행, 중국을 혼란의 소용돌이에 몰아넣고 마침내 중국을 무너뜨렸던 것처럼 극단적인 진영논리는 항상 치열한 투쟁을 전제한다.

우리가 저마다 정치적으로 옹호하는 세력이 있을 수 있고 자신의 주관에 따라 확고한 정치적 이념을 가질 수 있다. 그것이 민주적 자유라도 지나치게 진영논리에 매몰돼 일방적으로 거칠고 비열한 말들을 쏟아놓는다면, 정의와 공정, 평등은 설 자리가 없고 그 어떤 긍정적인 효과도 얻을 수 없다는 것을 분명히 알아야 한다.

넷째, 올바른 대화에는 긍정적인 마음가짐이 필요하다.

SNS는 사회적으로 인간관계를 형성할 수 있게 해주고 누구와도 공유할 수 있다. 그런 까닭에 연예인이나 어떤 일로 화제가 된 특정 인물을 SNS를 통해 무차별적으로 공격하고 비난하며 조롱하는 것이 매우 흔하다. 이른바 악플이 그것이다.

그 때문에 특정한 인물들이 우울증에 시달리다가 극단적 선택을 하는 경우가 적지 않다. 악플을 다는 누리꾼들은 도대체 어떤 심리일까? 물론 여러 가지 이유가 있겠지만 무엇보다 그럼으로써 자신의 욕구불만을 해소하고 쾌감, 만족감을 얻으려는 몹시 비열한 심보라고 할 수 있다. 많은 사람이 수영하는 풀장에 오줌을 누고 쾌감을 느낀다면 그것이 정상적인가?

아무리 익명이라도 아무런 근거도 없이 장난 삼아 어느 특정인을 비난하고 조롱하고 괴롭힌다면 비정상적이다. 직접대화에서 내가 무심코 꺼낸 하찮은 말이 상대방의 가슴에 비수를 꽂는 경우가 많다. SNS에서도 상대방을 배려하는 긍정적인 마음가짐이 절대적으로 필요하다.

◯ 언택트 시대의 로드맵

올바른 사이버 예절, SNS 사용하는 방법

방법	실천여부
1. 다른 사람이 하기 싫어하는 행동을 강요하지 않는다.	
2. 메신저, SNS를 통해 친구들을 따돌리거나 따돌림을 주도하지 않는다.	
3. 가까운 친구일수록 더욱 예의 바른 언어를 사용한다.	
4. 다른 사람을 몰래 비방하는 말과 글을 쓰지 않는다.	
5. 인터넷에서 검증되지 않은 정보를 유포하지 않는다.	
6. 다른 사람의 명예를 훼손하는 행동을 하지 않는다.	
7. 나와 다른 사람에 대한 개인정보를 함부로 공개하지 않는다.	
8. 상대방이 불쾌감·성적 불쾌감을 느끼게 하는 행동을 하지 않는다.	
9. 사이버폭력을 정확하게 이해하고 예방에 힘을 쓴다.	
10. 사람들과 건강하게 소통할 수 있는 방법을 공부하고 실천한다.	

자료출처: 방송통신심의위원회 그린i-Net, 한국교육학술정보원

우리는 문자로 끼리끼리 소통한다

SNS가 누구나 공유하는 사회적 관계망이라면 개인과 개인 사이에서 사적으로 문자를 통해 소통하는 것이 휴대폰 문자, e메일, 카톡(카카오톡), 채팅 등이라고 할 수 있다. 성격이 조금 다르다고 할 수 있는 채팅은 별도로 얘기하겠다.

이와 같은 온라인 서비스로 공지사항 등이 전해지지만, 대부분 개인 사이의 의사소통에 이용되는 데서 비대면 간접대화라고 할 수 있다. 비록 얼굴은 마주하지 않으나 가족이나 친구, 동료와 같이 친근한 사이의 사적인 관계에 있는 사람끼리 어떤 형식에 구애받지 않고 편안하고 신속하게 문자를 주고받으며 소통하는 일은 우리 생활에서 활성화돼 있으며 젊은이들에게는 일상화돼 있다.

특히 내성적인 사람, 숫기가 없는 사람이나 말솜씨가 부족한 사람, 어눌한 사람은 상대방과의 대화, 여러 사람이 함께하는 대화에서 좀처럼 끼어들지 못한다. 하고 싶은 말이 많으면서도 상대방의 말을 끊지 못해 끼어들 기회를 찾지 못하거나 소심한 성격으로 솔직하게 자기 심정이나 주장을 밝히지 못하는 사람에게 문자 대화는 더없이 좋은 소통수단이다.

상대방이나 주위로부터 아무런 간섭도 받지 않고 차분하게 자기가 하고 싶은 말을 모두 문자를 통해 상대방에게 전달할 수 있기 때문이다.

직접대화에서는 상대방의 표정만 봐도 그의 감정을 알 수 있고 음성의 높낮이, 억양, 말의 속도 등으로 상대방의 마음과 태도를 충분히 짐작할 수 있다. 하지만 서로 대면하지 않는 문자 교환에서 상대방의 섬세한 감정을 파악하기가 쉽지 않기 때문에 갖가지 부호나 기호를 사용하거나 이모티콘을 쓰기도 한다.

예컨대, ㅋㅋㅋ, ㅎㅎㅎ, ㅠㅠ 따위 또는 그림으로 된 이모티콘을 써서 자신의 감정을 나타내고 '꾸벅'과 같은 동작 표현을 붙여 자신의 행동을 나타내기도 한다. "쌤 안녕하세요? (꾸벅)"과 같은 식이다. 잘 알다시피 이모티콘(Emoticon)은 감정이라는 뜻의 'emotion'과 'icon'의 합성어다.

주고받는 문자에 그 사람의 얼굴이 보인다

젊은 연인, 친구, 가까운 동료 등과 주고받는 문자 대화의 특징은 젊은이들끼리 통하는 줄임말, 속어, 유행어, 조어, 부호나 기호 따위가 많고 보편적으로 내용이 짧다. 그들은 거의 쉴 새 없이 문자를 주고받는다. 맞춤법도 무시한다. 따라서 온라인에 익숙하지 못한 나이 많은 사람들은 그들이 주고받는 문자를 봐도 무슨 말, 무슨 뜻인지 잘 모른다. 다만 문자 대화에도 몇 가지 주의해야 할 점들이 있다.

먼저 연인, 친구, 또래의 동료들끼리는 줄임말 등 어떤 형태의 문자를 주고받아도 크게 문제될 것이 없지만 자신보다 나이가 많은 윗사람, 선배, 상사, 꼭 학교가 아니더라도 자신에게 무엇인가를 가르치는 선생님 등에게 문자를 보낼 때는 지나친 줄임말, 속어, 유행어, 조어 등은 삼가는 것이 예의다.

가령 "쌤, 내일 시간 괜찮으심?" "선배, 어제 미안했쪄"처럼 자칫 장난처럼 느껴지는 문자를 보내는 것은 바람직하지 못하다. 더욱이 자기보다 윗사람의 문자를 받고 무심결에 습관적으로 "대체 뭔 소리?" "뻥까지 마세요." 또는 "ㅠㅠ"와 같이 기호나 부호만 보내는 것은 크게 예의에서 벗어나는 행동이다.

아울러 아주 가까운 사이가 아니라면 너무 밤늦은 시간에 문자를 보내는 것도 결례가 된다. 아무리 친밀한 사이라도 예의를 지키는 것이 좋다. 자기 입장만 생각할 것이 아니라 상대방의 입장도 배려하는 것이 상식적인 행동이다.

특히 친구나 연인들이 밤늦은 시간에 매우 긴 시간 동안 문자를 주고받는 경우가 많다. 자기들끼리 좋아서 하는 문자 대화니까 굳이 지적해서 탓할 일은 아니지만, 별 내용 없는 문자로 밤늦게 두세 시간씩 문자로 대화하는 것은 결코 권장할 만한 일은 아니다. 우리가 가까운 사람과 만나서 직접대화할 때도 몇 시간씩 무작정 수다를 떨지는 않는다. 서로 배려하며 적당한 시간에 끝낼 줄 알아야 한다.

상대방 이성은 전혀 관심도 없고 싫어하는데 끈질기게 따라다니며 정신적, 육체적으로 큰 고통을 주는 것을 스토킹이라고 한다. 문자에도 스토킹이 있다. 자신이 일방적으로 짝사랑하는 이성이나 어떤 특정한 인물에게 심하면 하루에도 수십, 수백 통씩 상대방이 원치 않는 문자를 보내는 행위는 상대방의 고통은 아랑곳하지 않는 스토킹과 다름없는 범죄행위다.

이메일은 공지사항을 전달하는 데 많이 이용되지만, 비교적 길게 많은 내용을 쓸 수 있어 상대방에게 자신의 심정이나 긴 메시지를 차분하게 정리해서 전달하는 데 큰 도움을 준다. 짧은 글을 주고받는 문자 대화에 담을 수 없는 많은 내용을 이메일로 전할 수 있다.

직접대화도 두서없고 쉽게 이해할 수 없는 말들로 횡설수설하면 상대방이 당황하듯이 이메일도 마찬가지다. 아무리 길게 쓸 수 있더라도 논리적이고 내용이 잘 정돈돼 있어야 한다. 상대방에게 무엇인가 질의를 하고 그에 대한 대답을 원할 때는 시간적 여유를 줘야 한다. 상대방이 언제 이메일을 보는지 알 수 없기 때문이다.

▶ 언택트 시대의 로드맵

문자 메시지 예절 핵심

- 문자가 오면 바로 연락을 취하도록 한다.
- 조금 늦은 시간이라도 상대방이 연락을 기다릴 것 같다면 바로 답장을 하는 것이 좋다.
- 문자 보내는 시기나 시간이 적절치 않다면 예약 문자를 활용한다.
- 빨리 답장하라고 보채지 않는다. 상대방이 바쁘거나 바로 답장하기 힘든 상황일 수 있으니 답장이 빨리 오지 않더라도 조금 기다린다.
- 미팅 전날이나 당일 다시 한 번 확인 문자를 보낸다.
- 한 번 더 생각하고 보낸다. 문자 메시지는 표정과 말투를 느낄 수

없어 오해가 생기기 쉽다. 내가 뜻한 것과 다르게 상대의 기분을 상하게 하지는 않을지 차분히 생각해보고 보낸다.

- 미팅이나 행사를 마친 후 만남의 소감을 보낸다.
- 밤늦은 시간에는 문자 메시지를 보내지 않는다.
- 맞춤법을 맞추고 신조어를 쓰지 않는다. 줄임말이나 은어 등은 어르신들이 모르는 경우가 많으므로 지양한다.
- 친절한 표현을 사용한다. 공손한 표현과 말투로 표현한다.

목소리 조절로 상대를 매혹하는
전화 통화

우리 일상생활에서 전화기를 이용한 대화는 상대방과 만나 얼굴을 마주하고 주고받는 직접대화보다 오히려 더 많이 활용되고 있다.

일반적으로 대화는 상대방과 서로 말을 주고받는 것뿐 아니라 서로의 감정과 표정, 상황과 장소 등도 대화 분위기에 큰 영향을 미친다. 하지만 전화 통화는 간접대화여서 상대방의 표정은 알 수 없으나 감정의 전달은 가능하다.

대화에 요령과 기술, 예의범절이 있듯이 전화 통화도 마찬가지다. 오히려 상대방과 얼굴을 마주 보지 않기 때문에 그러한 것들이 더욱 필요하다. 자칫하면 상대방의 입장은 아랑곳하지 않고 서로 일방적인 자기주장만 늘어놓기 쉽다.

요즘 누구나 당하는 보이스피싱, 나라고 안 당할쏘냐

전화 통화와 관련해서 먼저 지적하고 싶은 것은 '보이스피싱'이다. 이 전화사기는 조금만 신중하면 뜻밖의 피해를 보지 않을 수 있는데 쉽게 사기에 걸려드는 사람들이 많다. 사실 검찰, 금융기관 등을 사칭해 계좌번호를 입력해라, 어디로 돈을 보내라, 돈을 찾아서 집에 가져다놔라 따위는 모두 보이스피싱이라고 볼 수 있다.

밖에 있는 가족 가운데 누가 사고를 당하거나 곤경에 빠져 있으니 급히 돈을 보내라는 것도 거의 모두 전화사기다. 자신의 휴대폰에 저장돼 있지 않은 낯선 전화가 걸려오면 아예 받지 않는 사람들도 많지만, 돈과 관련된 이상한 전화가 걸려오면 당황하지 말고 일단 의심을 하면서 잠시 한 번 더 신중하게 생각해 보고, 서둘러 돈을 보내거나 찾기에 앞서 반드시 확인을 해볼 필요가 있다.

목소리에는 천 개의 마음이 보인다

전화 통화에서는 전화를 거는 사람과 전화를 받는 사람이 있다. 전화를 건 사람은 상대방의 상황이 어떤지 모르기 때문에 먼저 자신의 이름이나 신분을 밝히고 "통화, 괜찮겠습니까?" "통화가 가능합니까?" 하며 상대방의 상황을 묻는 것이 기본이다.

그다음 친구나 가족이 아니라면 친절해야 하며 성의와 진정성이 있어야 한다. 특히 민원이나 소비자 상담 전화 등은 더욱 친절해야 하고 공손하고 겸손해야 하며 정성을 다해야 한다. 자신보다 윗사람과의 통화라면 윗사람보다 자신이 먼저 전화를 끊는 것은 예의에 벗어나는 행동이다.

상대방의 얼굴이 안 보인다고 해서 통화에 집중하지 않고 시큰둥하게 대화하거나 딴짓을 하면서 통화하는 것도 실례가 된다. 얼굴은 안 보이지만 통화하는 태도는 목소리의 톤이나 느낌으로 충분히 눈치챌 수 있다. 자칫하면 상대방에게 오해를 받기 쉽다.

상대방의 말이 길어질 때 아무런 대꾸도 안 하는 경우가 많다. 그래서 상대방이 "지금 내 얘기 듣고 있어?" 하거나 느닷없이 "여보세요?" 하며 확인할 때가 있다. 자주 얘기하지만 원만한 대화의 기본 예절은 경청이다. 상대방과 마주 보고 대화할 때는 경청하기 쉽지만 전화 통화에서는 상대방의 말이 길어질 때, 사이사이에 "네네!" "그렇죠" "맞습니다" 등의 반응을 보여줘 열심히 듣고 있음을 알려주는 것이 좋다.

전화 통화에서는 발음도 중요하다. 특히 요즘은 거의 모두 마스크를 쓰고 있어서 더욱 정확한 발음이 필요하다. 발음이 정확하고 뚜렷하지 못하면 자신의 의사를 상대방이 제대로 알아듣지 못해 오해가 생길 수 있다. 목소리에는 천 개의 마음이 담겨 있어, 그 마음을 함부로 보여서는 안 된다.

통화할 때는 간결한 문체로

한가한 낮에 주부들이 친구들과 온갖 수다를 떨며 길게 통화할 때도 많다. 그것도 집에 있는 주부생활의 일부라고 하겠지만 통화는 되도록 짧게 하고, 긴 얘기가 필요하면 만나서 대화하는 것이 바람직하다.

밤 깊은 시간에 연인들이 길게 통화하는 것은 흔한 일이다. 그럼으로써 사랑이 더욱 깊어지는 것은 좋지만, 일반적으로 밤 깊은 시간에는 전화하지 않는 것이 예의다. 급한 사정이 있어서 어쩔 수 없는 경우를 제외하고 밤 깊은 시간에 전화를 걸면 상대방이 놀라거나 당황하기 쉽다.

운전 중에는 전화를 걸지 말아야 하고, 전화가 걸려와도 운전 중임을 알리고 끊은 뒤, 차에서 내린 뒤에 통화해야 한다는 것은 누구나 다 알고 있는 상식이다. 한 가지 덧붙이자면 장난 전화는 절대로 하지 말아야 한다.

스토킹과 같이 짝사랑하는 이성에게 하루에도 수십 차례씩 끈질기게 전화하거나 119와 같은 긴급전화에 거짓 장난 전화를 걸거나 여성 안내원에게 부질없이 전화를 걸어 성적인 농담을 하고 민원전화 상담원을 괴롭히는 등, 얼굴이 안 보인다고 해서 자신의 스트레스를 풀려는 장난 전화는 범죄행위나 다름없다.

◑ 언택트 시대의 로드맵

어떻게 해야 기분 좋게 전화를 받고 걸 수 있나?

▶ 전화를 받을 경우

대뜸 "여보세요?"라고 말하는 것보다는, "감사합니다. ○○회사 ○○총무과(실, 국, 과) 김○○입니다"라고 해야 한다. 이때 친절한 목소리로 상냥하게 인사한다면 전화를 건 상대도 자연스럽게 말이 부드러워지기 마련이다.

▶ 전화를 걸 경우

"누구 좀 바꿔주시겠습니까?"라고 묻는 것보다는 "수고하십니다. 김○○ 선생님 좀 바꾸어주시면 감사하겠습니다"라고 말하는 것이 전화를 받는 상대의 기분을 훨씬 높여준다.

▶ 찾는 상대가 다른 직원일 경우

"잠깐만 기다리시겠습니까? 곧 연결해 드리겠습니다." 혹은 "○○님께서 외출 중이시니 성함을 말씀해 주시면 오시는 대로 메모 전달해 드리겠습니다. 간단하게 메모하실 것이라도 있으십니까?"라고 친절하게 묻는 것이 에티켓이다.

올바른 전화 에티켓

- "모르겠습니다" "없습니다" "안 됩니다"라는 부정적인 말들은 직설적으로 말하기보다는 우회적으로 돌려서 말한다.
- 혼동되기 쉬운 말이나 유행어, 비속어, 낯선 외국어 등은 피한다.
- 숫자, 일시, 장소, 이름 등에 관해서는 특히 주의를 기울이는 것이 필요하다.
- 전문용어, 틀리기 쉬운 숙어를 사용할 때는 주의한다.
- 필요 이상의 수식어, 경어를 사용하는 것은 본래 뜻에서 벗어나기 쉽다.
- 잘못 걸려온 전화도 예의 바르게 대한다.
- 상대방의 실수도 차분하게 대응한다.

우린 만나지 못하지만, 얼굴 보면서 말해~

코로나19로 인한 비대면 시대에 각광받는 온라인 방식인 영상통화 기법은 다양한 분야에서 활용된다. 우리나라에서는 2007년 3G가 상용화된 후 널리 이용되기 시작해서 요즘은 대중화가 이루어진 통화 방식이다.

비록 화면이지만 상대방과 멀리 떨어져 있어도 얼굴을 마주하기 때문에 서로 표정과 감정을 느낄 수 있는 장점을 갖춰 직접대화와 비슷하나 영상을 이용하는 것이어서 간접대화이며 비대면 대화다.

영상통화에는 일반적으로 2가지 방법이 있다. 하나는 전용영상전화기를 이용하는 것으로 학원이나 회사 내 재택 근무자들이 활용하는 줌(zoom) 같은 화상 자료, 화상회의 등이며, 또 하나는 휴대폰을 이용하는 것이다. 전용영상전화기는 기기가 설치돼 있거나, 설치된 곳까지 가야 한다.

반면에 휴대폰은 이동이 가능하고, 대부분 보유하고 있으며 최근의 스마트폰은 영상통화 장치가 탑재돼 있어서 많은 사람이 손쉽게 이용하며 방법도 간단하다. 상대방의 전화번호를 누르고 영상통화 버튼을 누르면 된다. 다만 상대방의 휴대폰도 영상통화를 지원해야 만 가능하다.

화면으로 얼굴을 보이기에 앞서 대화 주제를 정한다

영상통화는 상대방이 외국에 있는 등, 지리적으로 서로 멀리 떨어져 있어서 만남을 통한 직접대화가 불가능할 때, 그나마 영상으로 얼굴을 마주 보며 대화할 수 있다는 장점으로 직접대화에 버금가는 통화 방식이라고 할 수 있다. 그렇더라도 갖가지 제한적인 요소들이 있으며 그에 따라 대화의 요령과 기술에도 차이가 있다.

영상통화는 말 그대로 영상(화면)을 통하기 때문에 상황에 따라 화질이 좋지 않거나 말의 끊김 현상이 생기는 경우가 흔하다. 따라서 영상통화에서 느긋하고 생각나는 대로 얘기를 주고받는 여유로운 대화는 어렵다고 봐야 한다. 여러 이유로 통화를 길게 하는 것도 어렵다.

결론적으로 무엇보다 먼저 영상통화는 화면으로밖에 만나지 못하는 아쉬움을 달래면서 간단히 안부를 주고받거나 용건만 말해야 한다. 직접대화처럼 대화 도중에 상대방의 말을 끊고 자기 얘기를 하거나 대화 도중에 차를 마시는 등 다른 행동을 할 수도 없다.

영상통화에서는 상대방을 설득하거나 자세한 설명은 아무런 효과가 없다. 얼굴만 크게 보이기 때문에 상대방의 주변 상황을 파악하기 어렵고 말의 끊김 현상으로 전달력도 기대하기 어렵다. 안부를 간단히 전하거나 용건을 확실하게 전달하는 등 영상통화에 앞서 대화의 주제를 먼저 정해야 한다.

전달력이 다소 원만하지 못한 영상통화에서 상대방에게 어떤 지시 사항을 전달했다면 정확하게 알아들었는지 다시 한 번 되물어서 파악할 필요가 있다. 특히 수량이나 숫자 등에 대해서는 더욱 분명하게 확인해야 한다.

영상통화는 대화의 고수가 승자가 된다

영상통화의 방식 가운데 한 가지로 '화상회의'를 지적할 수 있다. 화상회의는 지리적으로 서로 떨어져 있는 여러 회의실에 저마다 화상회의 시스템을 갖춰놓고 이들을 통신 회선으로 연결해 화상(영상)을 통해 회의를 진행하는 방식이다.

화상회의는 개인 사이의 간접대화가 아니라 대부분 주제가 정해져 있는 공적인 대화라고 할 수 있다. 주제별 상황 보고, 간단한 의견 제시와 토론 등 격식이 갖춰져 있어서 불필요한 잡담이나 여담, 농담 등을 해서는 안 되므로 자신의 심경을 드러내는 진정한 대화는 불가능하다. 확실한 전달력이 필요하므로 중언부언하거나 주제나 핵심 없는 대화는 영상통화나 화상회의에서는 용납되지 않는다.

누구든 남의 이야기를 1분 이상 들어주는 인내를 가진 사람이 없다. 더구나 비대면 대화에서 상대의 인내를 시험해서는 안 된다. 화상회의에서는 전달력과 설득력을 갖춘 이들이 능력을 인정받을 수 있다.

취업을 위한 화상 면접 시 체크리스트

코로나19로 인해 비대면 시대에는 얼굴을 맞대는 면접보다 화상을 통한 면접으로 대처하는 경우가 많다. 이때 체크할 사항들을 살펴본다,

1. 화상 면접 때 쓰는 프로그램

화상 면접이 잡히면 회사 측에서 필요한 업무 틀을 컴퓨터나 핸드폰 앱에 깔라고 연락이 온다. 기업들이 대부분 화상 면접을 위해 쓰는 프로그램은 정해져 있다. 이때 회사용 업무 툴을 반드시 확인한다.

2. 어떤 드레스 코드인가?

면접을 진행하다가 일어설 일이 생길 수 있다. 하의가 잠옷 차림이라면? 반드시 일반 대면 면접 때와 같은 정장 차림으로 임한다. 그건 준비된 자세를 갖추었다는 의미이다.

3. 화상 면접 장소

최대한 조용하고 깔끔한 장소가 좋다. 집안이라면 가족들의 통제가 가능한 곳이어야 하고, 집안이 아니라면 스터디 룸 같은 곳을 예약해서 면접을 치른다.

4. 어떤 도구인가? 컴퓨터, 아이패드, 핸드폰

면접을 보기 전에 뒷배경에 유의하고 본인이 사용하기 편리한 도구

로 업무 툴을 활용하면 된다.

5. 이어폰 활용

혹시 스피커가 울리면 소리를 잘 알아들을 수 없을지도 모른다. 그때를 대비해 이어폰을 사용하면 된다. 이어폰이 어색하면 사전에 스피커 소리를 꼭 확인한다.

6. 인터넷이 끊길 때

인터넷 연결 상황을 미리 꼭 체크한다. 연결 상태가 나쁜 곳은 피한다. 설령 인터넷이 끊겼다 하더라도 다시 시도하면 된다. 회사 측에서 다시 연락이 온다.

7. 어떤 자세가 좋은가?

어떤 면접이든 자연스러운 자세가 최고다. 허리를 쭉 펴는 자세를 유지하고 바디 랭귀지가 필요할 땐 손을 사용해도 좋다. 손으로 턱을 괴거나 의자에 몸을 기대는 자세는 마이너스 요인이다.

8. 상반신의 노출 범위

배꼽 부분까지 보여주는 게 좋다. 그리고 화면 속의 면접관을 바라보는 시선을 잊지 말자.

이제 면접도 화상 면접이 진행되는 시대이다. 이때 면접자는 면접 장소를 잘 선택하고, 어떤 프로그램을 사전에 설치할지 확인한다. 그리고 카메라와 거리를 측정해서 간격을 잡고 마이크를 미리 시험해

본다. 항상 면접 대기 시간을 준수하고 사전에 세팅된 카메라로 사전 녹화해보고 장단점을 살펴본다. 이런 부분을 잘 체크해서 비대면 면접에 대응하는 전략을 세워야 한다.

– 자료출처 : https://blog.naver.com/incruit1

낯선 사람과도 언제나 소통합니다, 채팅

멀티미디어가 크게 발전하고 활성화되면서 컴퓨터 인터넷과 네트워크를 통해서 낯선 사람, 다른 곳에 있는 사람과 대화할 수 있는 시스템이 널려 있다. 자신과 전혀 인연이 없는 낯선 사람과 국내는 말할 것도 없고 전 세계 누구와도 대화가 가능하다.

인터넷에는 갖가지 '대화방' 채널들이 많다. 예컨대 낯선 사람들끼리 어떤 사회적 이슈를 놓고 토론하고 논쟁할 수 있는 대화방도 있고, 취미를 공유하는 동호인들끼리 대화하는 대화방도 있다.

'대화방'이라고 표현하듯이, 상대방이 지인이든, 낯선 사람이든, 서로 다른 장소에 있으면서 인터넷을 통해 상대방과 문자를 통해 대화할 수 있으니까 틀림없이 대화는 대화다. 간접대화이며 비대면 대화다.

인터넷 네트워크를 통한 채널의 비대면 대화 가운데 한 종류가 '채팅(chatting)'이다. 채팅은 반드시 특정 인물과 대화하는 것이 아니라 낯선 사람들, 불특정 다수의 사람과 연결돼서 간접대화를 할 수 있는 것이 특징이다.

　채팅이 호기심과 은근한 기대감을 자극하며 큰 호응을 얻자 채팅 사이트, 채팅 앱 등이 늘어나고 다양해졌으며 요즘은 문자 대화뿐 아니라 음성채팅, 화상채팅까지 가능할 정도로 활성화됐다.

외로운 현대인, 낯선 사람도 괜찮다

　외로운 현대인, 특히 젊은이들이 큰 호기심을 갖고 낯선 사람, 전세계의 얼굴 모르는 사람들과 대화할 수 있다는 것은 채팅의 순기능이지만 역기능도 만만치 않다. 이를테면 원조교제, 애인 대행, 데이팅, 소개팅 등 성적 욕구를 충족시키려는 불순한 행태에 주로 악용돼 사회문제를 일으키는 역기능도 그냥 지나치기 어렵다.

　채팅은 인터넷의 채팅 사이트나 앱을 통해 불특정 다수와 접속하게 됨으로써 각양각색의 다양한 사이트들과 앱이 수없이 많고, 성적 호기심을 노린 불순한 앱들도 적지 않다. 채팅하려는 사용자가 순수한 의도를 가져야 진정성 있는 대화가 이루어진다.

　사실 채팅에서 건전하고 진실한 대화 파트너를 만나는 경우는 드물다. 대다수가 어떤 속셈을 가졌거나 건전하지 못한 의도로 채팅을 시도한다. 따라서 대다수가 호기심과 기대감을 지니고 대화 상대로 이성을 선택하려고 한다. 다시 말하면 순수성과 진정성을 가지고 대화 파트너를 찾으려는 사람을 찾기 어렵다는 것이 낯선 사람과 온라인으로 만나는 채팅의 문제점 가운데 하나이다.

　어떤 특정한 인물과 연결돼서 문자 교환, 즉 텍스트 채팅을 지속할 때, 서로 모르는 사람이기 때문에 자신을 포장하는 경우가 많고, 허풍과 허세로 자신의 신상정보를 속이는 경우가 대단히 많다. 사진도

보정작업을 한 것이나, 자기 사진이 아니라 상대방이 호감 가질 만한 다른 사진을 올리는가 하면, 불순한 목적을 가진 사기꾼들도 적지 않다. 이성과 채팅할 때 은근한 유혹이 많아서 조심해야 한다.

물론 채팅에서의 대화의 정석, 올바른 대화의 기술과 요령을 지적할 이유는 없다. 하지만 특정인과 채팅을 지속하다 보면, 한쪽에서 먼저 한번 만나자는 제안을 하고 상대방이 그것을 받아들였을 때 낯선 사람끼리의 만남과 직접대화가 이루어진다. 주고받은 사진과 실물의 차이가 커서 실망하고 곧바로 헤어지기도 하지만 만남이 성사되면 되도록 상대방에 대해 경계심을 가지고 조심스럽게 대화해야 한다.

앞서 지적했듯이 채팅에서 만난 상대방은 낯선 사람이기 때문에 솔직히 순수성과 진정성을 확신하기 어렵다. 상대방이 채팅에서 밝힌 신상정보가 진실이라고 믿기도 어렵다. 따라서 만남이 이루어지면 일단 상대방을 탐색해 봐야 한다.

먼저 상대방의 용모나 분위기에 호감이 간다고 해서 자신의 신상정보를 솔직하게 털어놓으면 곤란하다. 되도록 상대방이 말을 많이 하도록 유도하고 자신은 말을 적게 하면서 조심스럽게 진의를 파악해 나가는 것이 유리하다.

그다음 상대방이 말을 유창하게 잘하고 설득력이 있을수록 더욱 조심해야 한다. 사기꾼은 말을 그럴듯하게 잘하고 설득력을 갖추고 있어 사람들이 잘 걸려든다. 채팅 상대가 사기꾼이 아니더라도 그의 말솜씨에 넋을 잃고 말려들면 걷잡을 수 없다.

채팅 상대로서 이성끼리 만났다면 여성은 더욱 경계심을 가져야 한다. 그럴 경우 몇 가지 남성들의 태도가 있다. 우선 상대방을 배려

하지 않고 일방적으로 자기 말을 많이 하는 사람은 의심해 볼 만하다. 그런 사람은 대개 자신의 참모습을 숨기고 무엇인가 의도하는 속셈을 감추고 있다.

허세를 부리며 자신을 과시하거나 마치 마초처럼 행동하며 여성을 일방적으로 명령처럼 무엇인가 강요하고 자기 의도대로 유도하거나 솔직한 성격인 척, 노골적으로 성적 요구를 하는 경우가 있다. 이러한 남성은 한 번의 만남으로 인연을 끊는 것이 좋다. 특히 첫 만남부터 은근슬쩍 신체 접촉을 시도하는 남자라면 절대적으로 다시 만나서는 안 된다.

이성 교제에 있어서 친구나 동료의 소개로 만날 때는 어느 정도 상대방의 신상정보를 알고 만난다. 그렇지 않고 어느 모임이나 장소에서 우연히 마주친 이성이 마음에 들어 서로 사귀기 시작하면 상당 기간 서로 신상을 조금씩 파악해 나가면서 상대방을 탐색하는 기간을 갖는다.

채팅을 통한 이성끼리의 첫 만남에서도 마찬가지다. 내가 상대방을 경계하고 조심하듯이 상대방도 나를 경계하고 조심하는 태도를 지녀야 그래도 진정성이 있어 보인다. 다행히 진정성이 엿보이고 서로 마음에 든다면 그다음부터 만남을 지속하되 감정에 휘말리지 말고 차분하게 상대방을 꼼꼼히 파악해 나가야 한다.

대화를 통해 자연스럽게 성격과 연령, 건강 상태, 직업, 학력, 경력, 인간관계, 취향, 취미 등을 먼저 파악하고, 그다음 가족관계, 인생관, 가치관, 부채 여부 등을 살펴보고 혹시라도 범죄를 저지른 적은 없는지도 살펴볼 필요가 있다. 그다음 자신에 대한 관심도와 왜 사귀려고 하는지, 자신에게 바라는 것이 있는지도 알아볼 필요가 있다.

바람직하지 못한 속셈을 갖고 시작하는 랜덤채팅

여러 형태의 채팅 가운데 사회적으로 큰 물의를 일으키고 있는 채팅 사이트들이 있다. 랜덤채팅도 그 가운데 하나이다. 랜덤(random)이라는 말이 멋대로, 마음대로, 무작위 등을 뜻하듯이 랜덤채팅은 프로그램으로 무작위로 선택된 사람과 채팅을 하는 것이다.

다시 말하면 랜덤채팅 사이트에 들어가면 무작위로 채팅 상대를 정해 준다. 일반적인 채팅은 불특정 다수의 낯선 사람들과 대화할 수 있지만 랜덤채팅은 익명의 누군가와 1:1로 채팅할 수 있는 서비스를 제공한다.

랜덤채팅이 사회문제가 되는 것은 이용자들이 바람직하지 못한 속셈을 가졌기 때문이다. 익명으로 자신의 신분을 감출 수 있는 특성을 악용해서 노골적으로 성적 욕구를 해결하려는 것이다. 따라서 랜덤채팅이 은근한 성매매를 부추기며 특히 용돈 따위를 해결하려는 청소년들이 성매매의 주요 대상이 되기에 문제가 된다.

사회적 이슈화됐던 이른바 'n번방' '박사방' 등도 주로 채팅 사이트를 이용한 것이다. 불순한 의도를 가진 운영자들의 사기성 유혹에 휘말려 자신의 정확한 신상정보를 제공하거나 신체 노출 사진을 보냈다가 꼼짝없이 걸려들어 성폭행을 당하고 성적 학대의 굴레에서 벗어나지 못했다.

이른바 '디지털 교도소'도 문제가 되고 있다. 이 사이트에 자신의 신상정보가 공개돼 극단적 선택을 한 젊은이도 있으며, 뜻하지 않게 성범죄자로 낙인이 찍혀 큰 고통을 받는 사람들도 적지 않다. 이쯤 되면 디지털 범죄라고 할 수 있다.

채팅은 대화가 부족한 현대인의 외로움, 무료함 등을 해소하고 낯선 사람들과도 대화할 수 있다는 긍정적인 기능을 지니는 것은 맞지만, 그보다 기능을 악용한 위험하고 부정적인 요소들도 많다는 사실을 잊어서는 안 된다.

▶ 언택트 시대의 로드맵

랜덤채팅 사기의 피해를 줄이는 방법

- 랜덤채팅 사기와 같은 범죄는 어떻게 대응하느냐가 가장 중요하다. 가장 피해를 줄일 수 있는 방법은 바로 경찰에 신고하고, 영상 차단에 관한 다양한 솔루션을 가진 보안 전문 업체에 의뢰하는 일이다.

- 특히 랜덤채팅 사기 범죄의 특성상 피해가 발생하자마자 가장 빠르게 대응할수록 가장 피해를 줄인다. 음성이나 해당 영상이 내게는 보이지 않는다며 프로그램을 보내주는데, 의심하지 않고 그대로 설치할 때 영상 외에 휴대폰 속 연락처와 중요한 파일들과 사진들까지도 모두 해킹당하게 된다. 당연히 영상 외에 중요 문서나 사진 등이 있다면 협박의 대상이 될 수 있다. 범인들이 보유한 영상은 삭제 가능한데, USB, 외장 메모리 등에 데이터를 백업해놓았다면 문제가 된다.

- 보안 전문 업체에 의뢰하여 서버의 영상을 삭제하여도 백업해놓은 영상을 유포하면서 상황을 더욱 악화시키고 금전적 협박까지 받게 된다. 더구나 피해자가 경제적, 사회적으로 여유가 있어 보이면 계속 협박하며 금전 요구를 해올 것이다. 자신에게 닥칠 피

해를 줄이려고 계속 송금하는 경우가 많은데, 랜덤채팅 사기를 당했을 땐 바로 경찰에 신고하고 보안 전문 업체에 의뢰하여 효과적인 솔루션을 받아 피해를 줄인다.

– 자료출처 : blog.naver.com＞lie1983

대화의 품격은 비대면 시대에 더 돋보인다

상식적인 얘기지만 우리 인간이 만물의 영장으로 우뚝 설 수 있었던 것은 모든 동물 가운데 유일하게 말을 할 수 있었기 때문이다. 말을 통해 섬세한 부분까지 서로 소통하고 지식과 정보를 교환함으로써 어떤 난관에 부딪혀도 효율적으로 빠르게 해결할 수 있었기에 지구를 지배했다.

코로나19로 말미암아 그동안 별 관심이 없었던 비대면 대화가 두각을 나타내게 됐지만 상대방과 만나 말을 주고받는 직접대화, 즉 대면대화는 물론, 비대면 대화도 대화는 대화다. 숱한 사람들이 더불어 사는 세상에서 우리는 어떤 형태로든 언어를 통해 서로 소통하지 않으면 원만한 삶을 기대하기 어렵다.

하지만 시대의 흐름과 사회환경에 따라 말도 변화하고 대화의 형식이나 형태도 변화한다. 예컨대 현대인의 생활은 누구나 바쁘기에 말도 갈수록 속도가 빨라지고 그에 맞춰 줄임말들이 성행한다.

코로나19가 대화의 형태에 큰 변화를 가져왔다. 여러 이유로 우리 생활에서 비대면 대화가 늘어나면서 여유 있는 대화의 기회가 크게 줄어들었다. 상대방의 세심한 감정이나 표정을 알 수 없고, 갖가지 도구를 이용한 간접대화여서 의사전달이 직접대화와 비교해 떨어질 수밖에 없다.

그에 따라 불필요한 말은 될 수 있는 대로 줄이고 사무적인 용건만 전달하게 됨으로써 말에 온기가 없어서 따뜻한 대화가 어렵고 친밀감

도 떨어진다. 문자를 통한 대화는 상대방의 진정성을 가늠하기가 쉽지
않고, 자칫하면 무미건조해진다.

거듭 말하지만 대면 대화든 비대면 대화든 우리는 대화를 통해 소
통한다. 소통이란 무엇인가? 얼굴을 마주하는 상대방 또는 남들과 말
을 주고받으며 자신의 의사를 전달하고 서로 배려하고, 양보하고 상대
방의 의사를 받아들이고 서로 합의하면서 일체감을 느끼는 것이다.

그러자면 긍정적인 대화가 되도록 서로 노력해야 한다. 가는 말이
고와야 오는 말이 곱다고 하듯이 아무리 화가 나고 상대방의 말이 거
슬리더라도 차분하게 고운 말, 긍정적인 표현으로 응답해야 한다. 그
러면 상대방도 차츰 마음이 누그러진다.

대화는 인간관계의 징검다리다. 윗사람, 우월한 지위에 있다고 해서
상대방을 윽박지르며 말로써 '갑질'을 하거나 함부로 욕설과 막말을 쏟
아놓거나 상대방이 자리에 없다고 해서 험담을 하고 숨기고 싶은 상대
방의 비밀을 남들에게 털어놓는 것은 인간관계를 망치는 행동이다. 요
즘은 휴대폰 녹음이 가능해서 자칫하면 구설수에 말려 화근이 되기 쉽
다. 대화에서 말을 얼버무리거나 뒤끝을 흐리고 어물쩍거리면 상대방
에게 진정성을 의심받기 쉽다. 정확한 발음과 표현으로 상대방이 자신
의 의사를 분명히 알아듣게 해야 한다.

요즘 코로나19로 마스크 착용이 생활화되면서 의사전달이 원만하지
못한 경우가 많다. 상대방과 주고받는 직접대화에서 서로 마스크를 쓰
고 대화하면 전달력이 떨어진다. 특히 청력이 약한 노인들이 제대로
알아듣지 못하는 경우가 많다. 따라서 마스크를 쓰고 대화할 때는 다

음의 몇 가지 사항들을 유의할 필요가 있다.

　첫째, 마스크를 쓰고 말할 때는 평소보다 약간 더 큰 목소리, 고음으로 대화해야 한다,

　둘째, 안 들린다고 소리 지르지 말고 발음을 정확하게 또박또박 말한다.

　셋째, 상대가 말을 이해하는지 살피고, 중요한 이야기를 할 때는 상대방에게 "내 말 잘 들리세요?" 하며 확인해 본다.

　넷째, 비말이 차단되는 선에서 원래 목소리를 살려 이야기하고, 통화할 때도 원래 목소리를 내려고 노력해 본다.

　다섯째, 시끄럽고 소음이 많은 곳을 피해서 이야기를 한다.

　앞에서 밝혔듯이 대화는 의사소통뿐 아니라 지식과 정보를 교환할 수 있는 주요 기능을 가지고 있다. 서로 안부를 묻는 것도 낯선 길을 묻는 것도 정보 교환이다. 선생님과 학생의 질의응답도 지식 교환이며 상대방의 걱정거리를 들어주고 도움을 주는 것도 지식 교환이다.

　이러한 지식과 정보를 교환하고 제공하는 대화에서 가장 중요한 것은 친절이다. 때로는 귀찮더라도, 자신이 무척 바쁘더라도 최선을 다하는 습관을 지녀야 한다.

　필자의 경우, 집 근처의 쇼핑센터에서 이런 일을 겪었다. 손목시계의 날짜 표시창이 작아 3인지, 31인지 잘 안 보여 마침 그곳에 있는 시계 수리점에 물어봤다. 그랬더니 수리공이 귀찮다는 듯이 제대로 보지도 않고 '3이요!' 하는 것이었다. 그런데 나중에 확인했더니 31이었다.

그 뒤로는 시계의 배터리를 갈거나 시곗줄을 바꿀 때도 그 수리점에 가지 않고 조금 먼 곳에 있는 친절한 수리점에 간다.

어떤 형식의 대화든 친절하고 교양 있는 말을 해야 인간관계가 좋아진다. 잘 알려졌지만 '천국에서 쓰는 7가지 말'이 있다.

'미안해요, 괜찮아요, 좋아요, 잘했어요. 훌륭해요, 고마워요(감사해요), 사랑해요'가 그것이다. 한결같이 고운 말, 따뜻한 말이다.

"감사합니다"를 입에 달고 사는 사람은 반드시 성공한다는 말이 있으며 "말로써 천 냥 빚을 갚는다"는 옛말도 있다. 대화의 요령과 기술에서 가장 중요한 것은 고운 말 그리고 긍정적인 표현이다. 그것이 대화 품격이다.